歴史文化ライブラリー
600

武人儒学者 新井白石

正徳の治の実態

藤田 覚

吉川弘文館

目次

肖像画の白石——プロローグ

1　肖像画の白石

武人の相貌

新井《あらい》白石《はくせき》の肖像画（カバー・図1）を見ると、眉と眉との間、つまり眉間《みけん》には、「火」の字とも読める「しわ」がある。友人の深見新右衛門（玄岱《げんたい》。慶安《けいあん》元〜享保《きょうほう》七年〈一六四八〜一七二二〉。長崎の唐通事《とうつうじ》から、白石の推挙により宝永《ほうえい》六年〈一七〇八〉に幕府の寄合《よりあい》儒者になり、六代将軍徳川家宣《とくがわいえのぶ》に仕えた）は、肖像画の賛《さん》に「眉間に火の字」と書いた。白石の生年が、明暦《めいれき》の大火の年（明暦三年〈一六五七〉正月。振袖《ふりそで》火事とも）だったこととも関連づけて語られるが、白石の激しい性格・気性をよく表現している。太めの眉、大きく鋭い目、きりっと締まった口元など、学者というより武士、武人にふさわしい相貌である。

図１　新井白石画像（模写，東京大学史料編纂所所蔵）

白石の肖像画

なお、このほか五〇〇石の知行があった野牛村《やぎゅうむら》（現埼玉県白岡市）の観福寺に、白石の五世成美《しげよし》（一七七〇〜九四）から寄贈され現在に伝わる白石の肖像画がある（図２）。前記の肖像画より表情は穏やかで、学者風に描かれている。

白石の自伝によれば、父正済《まさなり》（慶長《けいちょう》六〜天和《てんな》二年〈一六

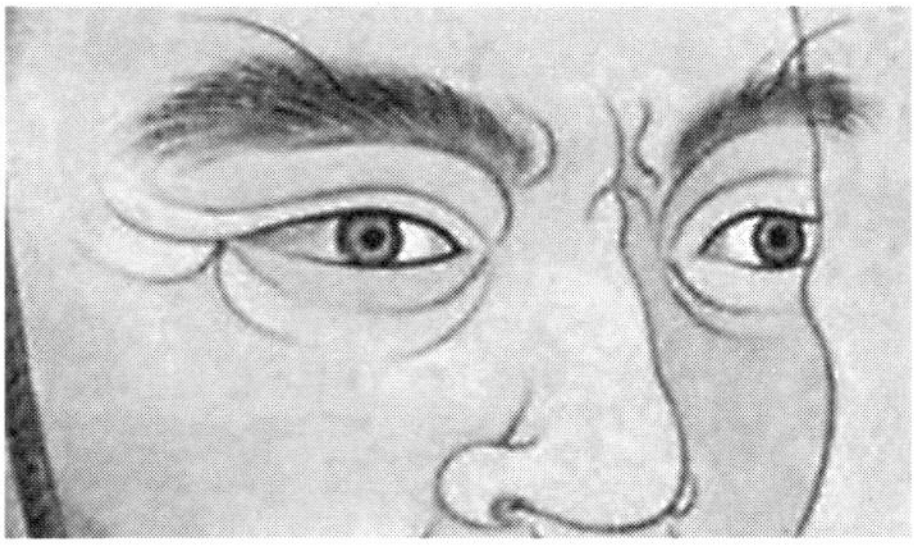

（「火」の字とも読める眉間の「しわ」）

〇一～八二〉の教えの一つに、「男は、ただ忍耐ということだけを習練すべきである」（『折りたく柴の記』桑原武夫訳、中公クラシックス、三五頁。以後、桑原訳と略す）がある。そのためには、自分がいちばん堪えがたいと思うことから忍耐を始めると、時がたつとそれほど難しいことと思わなくなる、と教えられた。白石は、八、九歳の頃から、この教えに従うことにより力を得てきたが、生まれつき短気のため、「怒り」だけは堪えられなかったという（同前三五頁）。「怒り」は白石を語るうえで抜くことのできないものである。

図２　新井白石画像（観福寺所蔵，白岡市教育委員会写真提供）

肖像画を見ると、頭に折り烏帽子《おえぼし》（侍《さむらい》烏帽子とも）と呼ばれる被り物《かぶ》（帽子）をかぶり、装束は水干《すいかん》で太刀《たち》を差している。被り物は、まさしく武士の用いるものである。水干は、狩衣《かりぎぬ》の一種だが、胸と左右の縫い目に菊綴《きくと》じという菊の花に似た飾りを二つずつつけた装束である。もとは、公家の私服や元服前の少年の晴れ着として用いられ、鎌倉時代以降は武士の正装になった。白石は、正徳《しょうとく》元年（一七一一）に来日した朝鮮通信使を川崎宿に出迎えたさい、熟考のすえ水干を用いた。その理由は、水干を用いるのは「一般に武事には水干を用いることが武家の古いしきたり」（桑原訳一五九頁）だからである。肖像画に武家の旧儀である水干を着て描かれているのは、武士、武人白石を象徴する装束なのである。

武人儒学者と幕府政治

しかし、白石には、武士として活躍する場はなかった。番方《ばんかた》（軍事。武官）の、例えば書院番組《しょいんばんぐみ》の番士、役方《やくかた》（行政。文官）の目付《めつけ》や勘定奉行などの役人として、幕府の軍事や政治・行政に関わることはなかった。そのかわり、木下順庵《じゅんあん》（一六二一〜九八）のもとで鍛えた儒学者として活躍する場が与えられた。白石は、六代将軍徳川家宣《いえのぶ》（一六六二〜一七一二。在職一七〇九〜一二）に侍講《じこう》（侍読《じどく》。学問を教授する学者）として仕え、江戸時代の儒学者としては数少ない現実政治、とくに幕府政治と深く関わることになった。一八世紀初め、側用人間部詮房《そばようにんまなべあきふさ》（一六六七〜一七二〇）とともに、家宣、家継《いえつぐ》二代の将軍に仕え、「正徳《しょうとく》の治《ち》」と呼ばれる一時期を画する幕府政治を生み出した。

その時期は、四代（家綱）から五代（綱吉）、五代から六代（家宣）へ、将軍職を親から子へ継承できなかった。幕府財政は危機にひんし、それを一時的にとりつくろうため元禄《げんろく》八年（一六九五）から繰り返された悪貨への貨幣改鋳は、貨幣制度の混乱と物価の上昇などを引きおこした。成立から約一〇〇年が経過した江戸幕府は、経済、社会の変化に対応できず、随所にほころびが現れてきた。

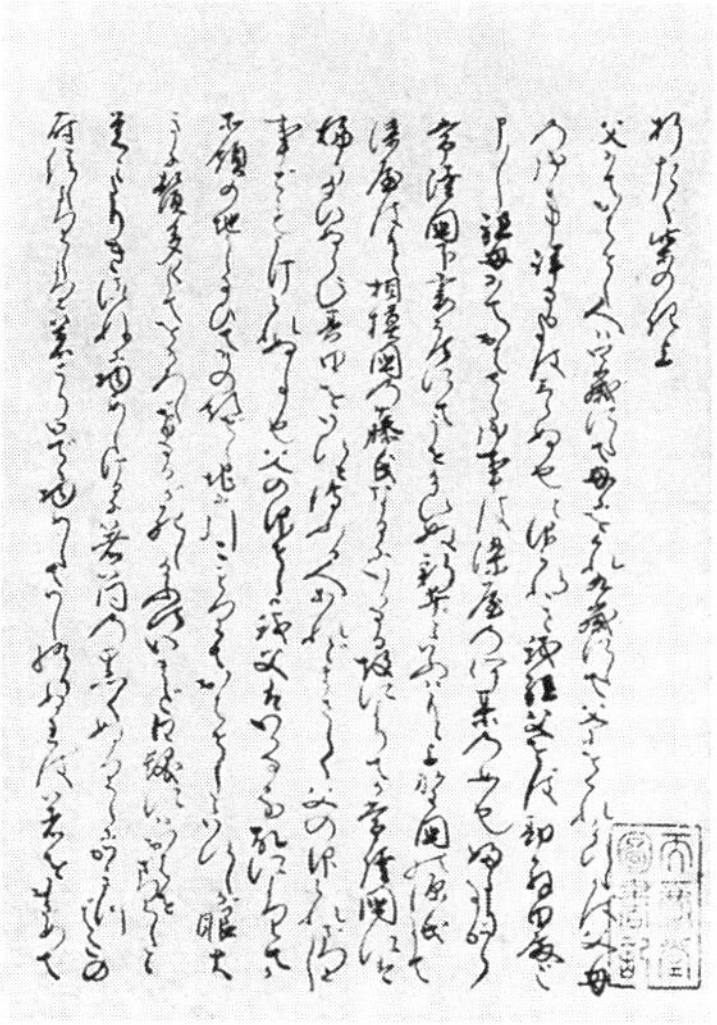

図3　『折たく柴の記』

白石は、この事態に江戸幕府、徳川家の前途に強い危機感を持った。

「天命《てんめい》」をうけたと考える徳川家康《いえやす》の没後一〇〇年の節目を迎え、神君家康の徳をもってしても迎えた危機を、「天命」の再降下（「天命維新」）によって建て直そうと図った。神君の徳を継ぎ、

「礼楽」、しかも武家独自の「礼楽」を興して、江戸幕府と徳川家の永続を実現しようと奮闘した。「天命維新」「礼楽」は、いかにも儒学者白石だが、「公武各別《かくべつ》」すなわち武家独自を強調するのは、いかにも武士白石である。武士・武人、そして武家政権の優越性への揺るぎない確信が背景にあり、武士としての心性が学問の底、あるいは芯に存在する。これは、武士であり儒学者である白石の面目躍如たるところであろう。

武人（武士）白石

武人の心性

武芸を好む

新井白石《あらいはくせき》の父正済《まさなり》は、久留里《くるり》（現千葉県君津市）藩主土屋利直《つちやとしなお》（二万一〇〇〇石。一六〇七〜七五）に仕えていた。白石一一歳の時、父の友人で関という人の子どもが剣術に優れ、人にも教えていたので、教えてくれと白石が頼んだところ、まだ幼い、学ぶのはもっと先でも遅くない、と断られた。白石は、剣術を少しでも心得ておかなければ、刀と脇差《わきざし》を差している意味がないと反論した。すると、白石の言うことはもっともだ、ということになり、一つの技を教え稽古をつけてくれた。そのうち、一六歳になる神戸という人の次男が、武芸の試合をしようと言ったので、木刀で三度試合をしたところ、三度とも白石が勝ち、人びともおもしろがって笑っていた。その後、「いつもこうした武芸を好み、習字などは心にかけないようになったが、読書は好きだった」（桑原訳四二頁）という。

武芸を好んだところは武士白石の、読書好きというところに後の大学者白石の片鱗が窺われる。

図4　新井家系図

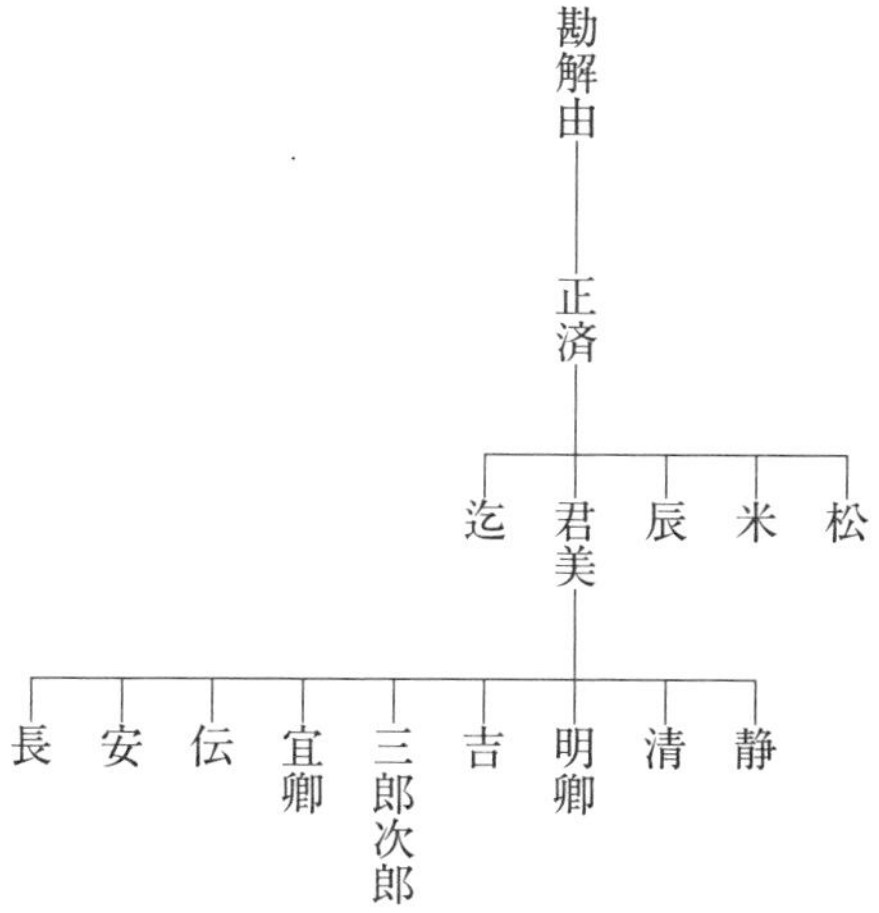

（出典）宮崎道生『新井白石』吉川弘文館、一九八九年をもとに作成。

久留里藩の武力抗争と白石

延《えん》宝《ぽう》二年（一六七四）、白石一八歳の時、上総久留里城（戦国時代に里見氏が築いた城）で宿直のさい、持ち場を離れて猟を見に行ったことを藩主から咎められ、謹慎、差控えの処罰をうけた。その謹慎中に、深刻な出来事がおこった（以下、桑原訳四五～四九頁）。

若侍の言い争いを発端に、藩内を二分する大騒動に発展し、双方が戦って決着をつけようという事態に立ち至った。一方は父が親しかった人びとで、関という家に集合し、そこから合戦に向かうことになった。白石は、新井家の家来を関の家に行かせ、合戦が始まったと見えたら家に戻り知らせるよう言い含めた。残る家来には、新井の屋敷に入ってくる者がいたら、白石は風邪で寝込んでいる、と伝えるよう命じた。白石は、鎖帷子《くさりかたびら》をつけて着替え、いつでも戦場に向かえる準備を整え、布団を被って寝たまま報告を待っていた。

この争いは、仲裁する者の尽力で合戦に及ぶことなく収まった。その翌日、関の家の子が白石を訪れ、白石が助勢に行こうとしたことに感謝するとともに、藩主の咎めをうけ謹慎中の身で、家を抜け出して助勢に行けると思ったのか、という主旨の質問をした。白石は、押しとどめようとするだろう小門の番人夫婦を殺してでも抜け出し、助勢に向かおうと思ったと答えた。謹慎中の者が家を抜け出し、まして門番を殺してまで向かえば罪を重ねることになる、と批判されたのに対して白石は、人びとが合戦しようとするのは罪ではないのかと反論した。もし咎めをうけて謹慎中ではないのに合戦の助勢に行かなければ、主君土屋利直は、言葉には出さなくとも、心中で白石の振舞いを良しとはしないだろう。だから、謹慎中とはいえ手かせ足かせをされているわけではないので、人びとが戦死しようとするのを家でじっとして傍観したならば、謹慎中を口実にうまく死を逃れたと人びとは思うだろう。自分の考えを無理矢理に押し通そうとする時、主君の勘気《かんき》に遠慮する必要があろうかと語った。

武人の恥を知る

年長であればもっとふさわしい行動をとるのだろうが、まだ二〇歳に満たない者（白石一八歳）だから、とにかく自分の恥にならないことだけを考えたので、人びとから感謝されるようなことではない。つまり、武人として恥ずかしくない行動をとろうとしただけだという。主人の咎めをうけて謹慎中に家を抜け出す罪、騒動を武力により解決しようとする罪、騒動の一方に助勢する罪、何重もの罪を犯してでも加勢しようとするのは、白石の武士の誇りと恥を知る行動である。このことを聞いた父正済は、「ああ、まさしく正済の子だ」と涙を流して喜んだという。武士の誇りと恥を知る正済の遺伝子が、子白石に伝わっていることを喜んだのだろう。

久留里藩内の抗争は、広い意味で「私の争論」「喧嘩口論」になる。これは、武家諸法《ぶけしょはっ》度《と》や諸士法度で禁止された行為である。例えば、元和《げんな》三年（一六一七）武家諸法度では、「諸国主ならびに領主等、私の争論を致すべからず」と規定され、以後の武家諸法度に踏襲された。寛永《かんえい》九年（一六三二）九月の諸士法度の第四条には、「一、徒党《ととう》を結び、或《ある》いはかたん（荷担・加担）、或いは妨《さまた》げをなす儀、堅《かた》く停止《ちょうじ》の事」と明記されている（『御《お》触書寛保集成《ふれがきかんぽうしゅうせい》』二号・九号）。

争いごとを実力・武力で解決することは禁止され、加担・助勢する者は当事者よりも罪は重いとされた。しかし、白石は争論の一方に加担・助勢しようとした。しかも主君の咎めにより謹慎中の身でありながら。ここに、武人白石の心性を見ることができよう。

家より鎧

元禄《げんろく》一一年（一六九八）年九月、上野の寛永寺本坊などが焼けた江戸の大火（勅額《ちょくがく》火事）があり、湯島天神下にあった白石の屋敷も類焼した。主君の甲府城主徳川綱豊《とくがわつなとよ》（後の六代将軍家宣《いえのぶ》）から、仮の家を建てる費用にと五〇両を拝領した。火災にあった家来が数多い中、この拝領は特恩だった。白石は、独力で家を再建できないわけではなく、拝領金で家を再建しても、近年の頻繁な火災を考えると、またすぐに焼け主君の特恩が空しくなる恐れがあると判断した。そこで仮家を建てるのを止め、思案の末、鎧《よろい》一領を造ることにした。紺糸威《おどし》の鎧で、同じ紺色の毛の兜《かぶと》に鍬形《くわがた》を打ったものという。

鎧を造ることにした理由は、死をもって特恩に報いるべきときに使おうという考えからだという。そして、子孫に対して決してこのことを忘れず、この鎧と後に拝領した御太刀とを嫡流の家に伝えよ、と指示している。それから五年後の元禄一六年一一月、白石の予想どおり火災の難にあった時も、この鎧はいつも身近に置いていたので無事で、いまも家に残っているという（以上、桑原訳六六～六七頁）。

白石は、いつ焼けるかわからない家よりも、合戦で主君のために死ぬ、そのための鎧を優先した。儒者として徳川綱豊に仕える儒学者白石ではなく、武人白石と言うべきだろう。

武道を知る白石

家宣がまだ世嗣《よつぎ》の頃、『武徳大成記《ぶとくたいせいき》』のことを話題にしたので、白石はそれを貸したという。後日、講義が終わったあと、家宣から『武徳大成記』の記事について発言があった。なお、『武徳大成記』は、松平氏の成立ちから徳川家康《いえやす》の一生の事跡、武功を記した官選の歴史書である。大学頭《だいがくかみ》林鳳岡《はやしほうこう》（信篤《のぶあつ》）、木下《きのした》順庵《じゅんあん》らの編集により、貞享《じょうきょう》三年（一六八六）に完成し、将軍綱吉《つなよし》に上呈された。

家宣は、『武徳大成記』の「家康の父広忠《ひろただ》を、近習《きんじゅう》の植村家政が刀で刺して走り出したのを、人びとがこれを殺した」という記事を問題にした。その発言は、次のようなものだった。白石が著した『藩翰譜《はんかんふ》』植村伝にもこの事件があり、「（広忠が）股に傷を負った」ということが書かれている。しかし、『武徳大成記』にはそれが見えない。刺されて即死するほどの傷でもなかったのに、広忠が植村を追いかけなかったのでは、後世の人びとが広忠のことをどう思うだろうか（「腑抜《ふぬ》け」などと思うという意味）。だから、股に傷を負ったことは書くべきだった。これがないのは、『武徳大成記』を編集した者に武道の心得が不十分だったために生じた問題だと思う。

家宣によると、『武徳大成記』の編者、林信篤は武道未熟（未練）、『藩翰譜』の著者、白石は武道練達の士ということになる。これは家宣の慧眼《けいがん》であり、さすがに武人白石と言うべきエピソードである。なお、家宣は『武徳大成記』に不満を持ったためか、将軍に就任してから『祖宗御実録』の編集を構想し、正徳《しょうとく》二年（一七一二）には編集を命じる予定になっていた。しかし、その年一〇月に死去したため、沙汰止みになったという（以上、桑原訳一二八～一二九頁）。

武士の誇り

牢人の生活苦

白石は、二度牢人《ろうにん》している（最初は延宝六年〈一六七八〉に上総久留里藩の土屋家から追放。次に元禄四年〈一六九一〉、下総古河藩の堀田《ほった》家を去る）。一度目は、仕えていた土屋家の代替わりに伴う新主君土屋頼直《よりなお》（一六三四〜八一。延宝七年改易《かいえき》）と家老との内紛に連座して、父とともに土屋家を追放され、牢人になった。「奉《ほう》公構《こうかま》い」の身となり、武家への仕官は不可能になった。例えば、寛永九年に家光《いえみつ》が出した諸士法度《しょしはっと》に「かまい（構い）これある奉公人、抱え置くべからざる事」と規定されている（『御触書寛保集成』九号）。白石の暮らしは、義兄郡司正信（正済が友人の三男を養子にした。主君土屋家の二男が、陸奥相馬《そうま》家を相続したさいに召し連れられた人物）からの両親への仕送りと、所々への儒学講師の収入と推測されているが、老親を抱えてかなり難しかったらしい（宮崎道生『新井白石』）。

牢人の暮らしの困難さは、父正済が語った話の中にその貧窮ぶりによく描かれている（桑原訳二二六〜二二九頁）。正済が、陸奥会津を去って西海へ向かおうとして、箱根山中のかしのき坂（橿木坂。現神奈川県箱根町畑宿）にさしかかった時、薪を背負った者に声をかけられた。それが、主家から失踪した旧知の越前の某だった。失踪ののち知人を頼ってこの近くに流れ着き、八〇歳をこえた老父を養いながら暮らしている、と身の上を語った。正済は、越前の某（九郎兵衛といった）の惨憺たる牢人暮らしを見ることになった。

その者の粗末な家に泊まることになり、親子が飢えをしのぐ食べものという、麦飯に野菜や芋類をまぜた「かてめし」をわけてくれた。そして、夜の更けるまで、二人で昔や今の身の上などを話し続けた。越前の九郎兵衛は、三尺の刀と二尺の脇差《わきざし》を取り出して正済に見せた。かつての持ち物すべてを手放したが、せめてこの刀と脇差だけは残しておきたいと思い、今日まで手許においているという。何を失っても刀を手放さず、武士の本分を失うことなく、仕官《しかん》の望みを持ち続けている。翌日別れたが、仕官への一縷《いちる》の望みも果たせなかったのか、その後の消息はまったくわからないという。

貧窮の中で老父に孝養を尽くし、刀・脇差だけは手放さず、武士の誇りとかすかな仕官の希望を持ち続ける牢人の苦境を見ることができる。

商人の婿養子の縁談

白石の暮らしは、越前の某ほどではなかったらしいが、学問するにはかなり条件が悪かった。そのような状況の時、富商への養子の誘いがあった。

それは、牢人した翌年の延宝五年のことらしい（白石二一歳）。養子の縁談を持ち込んだのは、織田信長《おだのぶなが》の二男信雄《のぶかつ》に仕え出家した、角倉了仁《すみのくらりょうじん》という八〇歳をこえる老人だった。かつて土屋家へ出入りしていた関係で、父正済とは古い馴染だったらしい。

角倉了仁は、土屋家の当主頼直は前藩主が寵愛した人びとを深く憎んでいるので、白石の再出仕は難しい、また、白石を幼少の頃から見知っているので、なおさら気の毒でならないと思い、婿養子の縁談を持ち込んだという。了仁は、長らく懇意にしている金持ちの商人から、子どもが女子一人なので、適当な侍の子と結婚させ、家を譲りたいと相談をうけ、思い当たったのが白石で、これが実現すれば、白石は老親を楽に養うことができると考え、この縁談を正済に申し入れたと説明した。

正済は、礼を述べたうえ、息子白石も年少ではないので、父の一存では決められない、本人と相談して欲しいと答えた。白石は翌日、了仁のもとを訪れ、考えるところもあるので希望に添えないと断った。家に帰り父に、私白石がこのような状態にいるのを父が気の毒に思っていることに気づかないわけではない、また、親が苦しい暮らしをしていることに心は痛むが、と述べたあと、養子を断った理由を「あなたの子として生まれながら、他人の養子になろうなどととは思いもかけません。このように悲しく思われるのも、武士の家に生まれながら出仕できないからですが、私の代になって、父上や祖父の伝えてこられた弓矢の道を捨てて、商人の家を継ぎたいなどとは思いません」（桑原訳五二頁）と説明した。武士を捨て商人の家を継ごうとは思わない、武士を貫きたいという。

これを聞いた正済は、たいへん嬉しそうな顔をして、こういう事柄はそれぞれ人の心の問題で、親子の間柄でも勝手に決められない、老親を養うため身を捨てるのも孝行だが、白石の選択の方がはるかに孝行である、と語っている。ここには、武士を捨てないという、白石の強烈な武士、武人意識を見ることができる。

河村瑞賢の養子縁談

牢人生活二年目の白石のもとに、その境遇ゆえか、また婿養子の声がかかった。それは、延宝六年白石二二歳の時である（宮崎道生『新井白石』年表）。相手は、「当時天下に双《ならび》なし」という豪商河村瑞賢《かわむらずいけん》（瑞軒とも。一六一八〜九九）の孫娘だった。

瑞賢は、伊勢から江戸に出て材木商と土木建築請負業で財をなし、幕府の命により、寛《かん》文《ぶん》一一年（一六七一）、東北地方の日本海側諸港から北上し、津軽海峡を通って太平洋岸を南下して房総半島を廻り江戸に至る東廻《ひがしまわ》り海運、寛文一二年、東北・北陸の諸港から日本海沿岸づたいに下関海峡から瀬戸内海を廻って、大坂に至る西廻《にしまわ》り海運を確立させた。これは、江戸時代の海上交通の大動脈だった。また、幕府から命じられた淀川《よどがわ》水系安治川《あじがわ》の開削《かいさく》など、近畿地方の治水工事に多大な貢献をした。元禄一一年には俸禄一五〇俵の旗本に取り立てられた。瑞賢は、幕府と深い関係を持って事業を展開した大商人である。

白石と学友だった瑞賢の子、通顕《みちあき》（新五兵衛、弥兵衛。一六六五〜一七二一）から、父瑞賢の希望として持ち込まれた縁談だった。瑞賢は、白石は必ずや天下の大儒者になると見込み、通顕の兄伝十郎政朝の娘と白石を結婚させようとした。金三〇〇〇両と購入した宅地を学資として学問するように、と申し入れさせた（古田良一『河村瑞賢』八二〜八三頁）。瑞賢は、白石が十分な学資を得れば大儒者になると見込み、経済的援助の意味も込めて孫娘と結婚させようとした。白石が学問を深めるうえでは、良い環境が得られると思われた。

しかし、白石はこれも断った。白石は、わかりにくいたとえ話だが、霊山《りょうぜん》（京都市東山区）の蛇の話を引合いに出し、最初は小さなキズがのちに大きなキズになる、と断る理由を説明する。牢人白石にとって、金につられて武士を捨て町人になること自体がキズになる、という理解なのだろう。町人として大儒学者になればなるほど、そのキズは大きくなると考え、武士儒者の道を選んだのである。ここに、町人儒者より武士儒者を優位におく白石の強い信念を見ることができる。父にこの話をすると、「珍しいことではないが、よい喩《たと》えだった」と笑ったという。正済も、白石の返答に納得したのでる。

ちなみに、白石に代わり瑞賢孫娘の婿養子になったのは、黒川道祐《くろかわどうゆう》（?～一六九一）の息子という。道祐は、広島藩に仕えた医者で儒学者の儒医だった。山城国の地誌を研究し、貞享元年（一六八四）に『雍州府志《ようしゅうふし》』を著した。その息子は、父も祖父も儒者という、儒学者の家の子だった。

先祖が武士の商人

幕府が、質の悪い貨幣の鋳造を止め、慶長金銀に戻す貨幣改鋳を評議していた正徳三年（一七一三）一〇月頃、ある商人から提案があった。白石の知人という京都在住の呉服師鷲津見《わしづみ》（亀屋）源太郎が、堺に住む商人で呉服師という谷長右衛門安殷が書いた、貨幣改鋳の意見書を白石のもとに送ってきた。白石は、前年六月に書いた『改貨議』の考え方とは違うものの、現状ではこの方が実行しやすい、さすがに商業とする者の言う方が良いかもしれない（いわゆる「餅は餅屋」）と判断し、谷の意見書を側用人間部詮房《そばようにんまなべあきふさ》に見せ、谷が江戸へ来る機会があれば直接話を聞きたいと伝えさせた。

しばらくして谷が江戸に出てきたので面談し、貨幣改鋳担当の勘定吟味役《かんじょうぎんみやく》萩原美雅《はぎはらよしまさ》と縁のある人を知っていると言うので、その知人を通して話すよう勧めた。その一方で、白石は旧知の仲の萩原に、谷に会って話を聞いてはどうかと勧めた。改鋳策を練っていたが成案を得られなかった萩原は、谷に会ってその考えを聞いたうえ、担当老中の秋元喬朝《あきもとたかとも》に意見を申し入れたという。なお、谷の意見は、悪質銀貨の大量鋳造により苦しむ、いわゆる銀遣《ぎんづか》いの上方の商人らしく、銀の改鋳を優先すべしとの提言らしい（桑原訳二六七頁）。

白石は、鷲津見も谷も商人だが、「その先祖は理由があって商人になり、その者の子孫だから、その志は、ふつうの商人と比べることはできない」（同前二六七頁）と評している。つまり、もともと武士の子だけのことはある、という意味で、武士に特別の価値をおく白石らしさがよく出ている。

山口小平次の書状

戦国末期から近世初期の武将、山口小平次が、大坂夏の陣を目前にした慶長《けいちょう》二〇年（一六一五）四月二七日付で、妻に送った書状の写しがある。小平次は、『寛政重修諸家譜《かんせいちょうしゅうしょかふ》』（第十八、一八八頁）によると、実名は重克《しげかつ》、弱年より召し出されて徳川秀忠《ひでただ》の側近くに仕え、大坂夏の陣では、水野隼人正忠清《みずのはやとのしょうただきよ》に属して奮戦し、慶長二〇年五月七日に戦死、三六歳だった。山口盛政《やまぐちもりまさ》の子で、常陸牛久藩《うしくはん》（現茨城県牛久市）の藩祖重政《しげまさ》の弟にあたる。

山口小平次は、戦死を覚悟して妻に長文の書状を送り、死後の親族や妻子らの処置を細かに指示した。文政《ぶんせい》五年（一八二二）に、松浦清《まつらきよし》（静山《せいざん》）が、大学頭林述斎《じゅつさい》から古い書状を見せられ、写したものである（松浦静山『甲子夜話』三、一六〇〜一六七頁）。この書状は、当時の風俗や小平次の人となりをよく知ることができる、と松浦静山は指摘する。その中で、残される二人の娘の行く末について、

二人の娘が成長し、嫁入りの年頃になっても、経済的に裕福な者でも、「まちにん」（町人）のところへ、簡単には嫁がせないこと。

そして武士、しかも身分相応の武家と婚姻させるようにと指示している。また、娘たちには、街道を走り回ったり、「いやしのこども」といっしょに遊ばせるな、とも書く。町人や百姓の子どもといっしょに遊ぶことすら避けるよう求めている。なお、残される妻には、二人の娘の養育のため、無理してでも似つかわしい者と再婚するよう求めている。財産の

多寡より、頼もしい身分相応の武家との再婚を指示した。

戦国末から近世初頭の武士が、武士の優越性への強い心性を持っていることがわかる。戦国武士への憧れを抱く白石が、山口小平次と同じ心性を持つことに驚かされる。

赤穂事件と白石

『新井白石日記』から

　白石は木下順庵の推挙により、元禄六年（一六九三）からは甲府藩に仕官していた。その八年後、元禄一四年三月におこった、赤穂藩主浅野長矩《あこうはんしゅあさのながのり》による高家吉良義央《こうけきらよしなか》に対する江戸城中における刃傷《にんじょう》事件、その翌年元禄一五年一二月におこった、赤穂牢人による吉良邸襲撃と義央の殺害事件、すなわち赤穂事件への白石の姿勢が注目される。

元禄一六年四月七日に、「大石等復仇《ふっきゅう》之書付」を、甲府藩主徳川綱豊（のち六代将軍家宣）の側衆《そばしゅう》、間部詮房へ提出したが、現在に伝わらないため、白石の意見ははっきりしない（大日本古記録『新井白石日記』上、一八六頁）。そのため、白石の推挙により幕府儒者になった室鳩巣《むろきゅうそう》（一六五八～一七三四）らの書き物から類推されてきた。

まず、白石の日記から、赤穂事件に関わる記事を紹介しよう。

元禄一四年三月一四日の記事（同前一四六頁、書下し）。

今日、勅《ちょく》に答えるの日、浅野内匠《たくみ》（長矩）殿、殿中において吉良上野《こうずけ》（義央）殿を斬る。上野殿は私宅へ、内匠殿は（陸奥一関藩主）田村右京（建顕《たけあき》）へ御預け、その夜切腹。城（赤穂城）請取は木下肥後（公定）殿、在番《ざいばん》は（播磨龍野藩主《はりまたつのはんしゅ》）脇坂淡路《わきさかあわじ》（安《やす》照《てる》）殿。

図５　木下順庵画像（成巽閣所蔵）

浅野が殿中で吉良を斬ったこと、吉良は自宅に帰り、浅野は田村家へお預けになり、その夜切腹、赤穂城の請取は木下、在番は脇坂、と出来事をたんたんと記すのみである。元禄一五年一二月一五日の記事（同前一七〇頁、書下し）。

昨夜七つ時、本所吉良上野介《こうずけのすけ》殿へ故浅野内匠殿家人襲来し、討ち申し候。小野寺十（重）内・片岡源五左衛門両人、仙石伯耆《せんごくほうき》（久直《ひさなお》）殿へ相断《あいことわ》り、泉岳寺へ集まり候由、細川越中《ほそかわえっちゅう》殿へ十七人、松平隠岐《まつだいらおき》殿へ十人、毛利甲斐《もうりかい》殿へ十人、水野監物《みずのけんもつ》殿へ十人、御預けの由、

故浅野長矩の家臣が、本所の吉良邸を襲い吉良義央を討ったこと、小野寺・片岡の両人が大目付の仙石久直へ了解を求めたうえ、一同が泉岳寺に集まったこと、家臣は細川家など四家へお預けになった、と事実のみを記している。浅野旧臣の切腹については、元禄一六年二月四日の記事（同前一八二頁）に、「今日大石等四十六人切腹」と書くだけである。

白石は、前述の通り、浅野旧臣による事件について間部詮房から意見書の提出を求められたことが、元禄一六年二月一二日の記事（同前一八二頁、書下し）に、

宮内《くない》殿（間部詮房）お頼みにて、今度大石ら復讐《ふくしゅう》の書付の事承《うけたまわ》る。

その意見書を提出したことが、元禄一六年四月七日の記事（同前一八六頁、書下し）に、

宮内殿まで大石等復仇《ふっきゅう》の書付上る。

と書かれている。

白石の意見書は、当然、間部から甲府藩主徳川綱豊に届けられただろう。日記では事実を記すだけで、自身の意見や感想めいたことは何も書いていない。加えて、提出した意見書は現在に伝わらないのだから、白石の意見はわからない。

佐藤直方の赤穂浪士批判

しかし、朱子学者佐藤直方《さとうなおかた》（一六五〇～一七一九）が赤穂事件について書いた「佐藤直方四十六人之筆記」（『日本思想大系二七　近世武家思想』三七八～三八〇頁）への批判の中に、白石の考え方の一端を窺える。

佐藤直方は、浅野長矩の旧臣四六人を忠臣・義士と讃える学者などを批判し、大罪人だと主張した。それは、浅野長矩が、勅使《ちょくし》・院使《いんし》を迎えた儀式をおこなう殿中で、刃傷に及ぶ大法に背いた罪を犯した罪人であり、幕府が罪人である浅野を死刑にした、という点がポイントである。

吉良義央が浅野長矩を殺したなら浅野旧臣にとって吉良は仇だが、そうではない。なぜなら、吉良は、浅野に斬りつけられても刀を抜かず、驚いて倒れて顔面蒼白になり、恥をかいただけのことである。だから、浅野旧臣の仇とは言えない。浅野旧臣たちは、主人が大罪を犯したことを悲しまず、幕府の命に背いて吉良邸を襲って吉良を討ち取ったことは、これまた大罪である。浅野長矩は大罪人であり、赤穂浪士らも大罪人だと主張した。

浅野長矩は幕府の法を犯した罪人であり、切腹、改易《かいえき》処分は正当だが、主君の仇を討った赤穂浪士は忠臣であり義士である、とするのが、荻生《おぎゅう》徂徠《そらい》、林大学頭鳳岡ら学者たち多数の考え方だった。それに対して佐藤直方は、浅野長矩は大罪人、赤穂浪士も大罪人で、義士ではなく不義の士と断罪したのである（石井紫郎「近世の国制における「武家」と「武士」」を参照）。

白石の佐藤直方批判

「佐藤直方四十六人之筆記」について、白石と室鳩巣のあいだで話題になったことが、正徳元年（一七一一）九月一七日の鳩巣の手紙に書かれている（「兼山秘策」『日本経済叢書』巻二、一七一頁）。なお鳩巣は、『赤穂義人録』を書いたほど赤穂浪士を讃えた学者である。鳩巣が白石宅を訪れると、「佐藤五郎左（五郎左衛門が直方の通称）浅野四十七人の義士の評」という、かなで書かれた物を貸してくれた。この「義士の評」が、先の「四十六人之筆記」のことらしい。白石は、あまりに変わったことを書いたものと思い、写させたのだと言う。

白石は、この書を読んで、直方は主君の讐《かたき》、仇《あだ》を見逃していると思う、と語った。主君浅野長矩が、吉良義央への遺恨から、幕府の法を犯してまで殿中で刃傷に及び、切腹を命じられた。つまり、主君の死の原因は吉良にあり、家臣にとって、主君の仇には生命を捨ててでも報復しなければやまない、という点を見逃している、ということだろう。鳩巣は、佐藤直方が赤穂浪士は大罪人といい、泉岳寺で即刻切腹しなかったことを、死を逃れ禄《ろく》を得ようとした行為という解釈を、厳しく批判している。

また、赤穂浪士が吉良邸を襲った翌日、白石は吉良邸の隣にある旧主家の土屋家を見舞い、そのおりの様子を鳩巣に話したさい、「君父《くんぷ》の仇はうたせ申す法に候」と語ったという（『鳩巣小説』）。「父の讐はともに天を戴かず」（『礼記《らいき》』典礼上）の「父の讐」は、後代に「君父の讐」と解された（『日本思想大系二七　近世武家思想』三七九頁頭注）ので、吉良義央を主君浅野長矩のかたき（仇。敵。讐）と見なす考え方になる。

赤穂浪士は仇討ち

主君の仇を討つ、つまり仇討ちをするのが、武士たるものの一分であり気節であり義である。白石は、赤穂浪士の行動は仇討ちであり、それは讃えられるべきものと考えている。また、鳩巣は正徳六年閏二月、白石宅で大石《おおいし》内蔵助《くらのすけ》父子の画像を見ている。それは、松平越後守の家来が「真を写し置いた」ものという。画像は、湊川《みなとがわ》の楠正成《くすのきまさしげ》・正行《まさつら》父子の像を見るような絵で、火事装束の大石内蔵助は床几《しょうぎ》に腰をかけ、子主税《ちから》は長刀を持ち父の下知をうける姿という。白石はこの画像を急いで返さなければならないとのことだったので、鳩巣は写せなかったことを残念がっている（「兼山秘策」二九六頁）。

白石が、大石内蔵助ら赤穂浪士の行為を仇討ち、復讐として高く讃えていたことは間違いない。かつて久留里藩内が二派に分かれて戦おうとした時、白石は、何重もの罪を犯してでも加勢しようとした。これは、武士の一分、誇りと恥を知る白石の行動であり、赤穂浪士の討ち入りを讃えるのは、武士、武人白石の真骨頂である。

軍事の重視

軍備への危機感

徳川綱吉が、宝永《ほうえい》六年（一七〇九）正月に死去し、徳川家宣が将軍職につくと、白石は幕府政治に深く関わった。白石は、矢継ぎ早に政策を提言し、同年六月二三日に、綱吉時代の軍事について批判する意見書を提出した。武人白石らしい意見である。

御先代のとき、人びとは天下太平のことのみをお祝いして、少しでも軍事に関することを口にするのを遠慮していた。（桑原訳一一七頁）

綱吉の時代、綱吉に仕える人びとは、天下太平を謳歌するばかりで、軍事に関わる事柄を話題にすることを憚っていたらしい。白石は、軍事軽視を示す事例を三つあげる。

① 天和《てんな》二年（一六八二）九月に、軍船安宅丸《あたけまる》（寛永一二年〈一六三五〉に完成した軍艦で、櫓《ろ》一〇〇挺、水主《かこ》〈水夫〉二〇〇人、米一万俵積みという巨艦。推定排水量一七〇〇トン）が解体されてから、江戸にあった軍艦は年をおうごとに朽ち果て、大坂にある軍艦も同様のあり様になった。（桑原訳一一七頁）

② 元禄一六年（一七〇三）一一月の元禄大地震によって、江戸城内の武器庫が壊れ、武器はことごとく破損したにもかかわらず、それを修繕することがなかった。（桑原訳一一七頁）

③ 正徳元年（一七一一）に朝鮮通信使を迎えるにあたり、儀仗《ぎじょう》に虎皮の槍を立てることになった。しかし、元禄時代は生類憐《しょうるいあわ》れみ令により、鳥の羽や獣の皮の使用が禁止され、その製法すら知るものがいなくなった。幕府の蔵にある虎皮は、綱吉の時代に狐《きつね》つきがあった時、毎夜、取り出して人びとに着させ、朝に戻していた物だけが残っていたので、二、三枚御覧に入れたが、半分ほど毛が抜け落ち使える物ではなかった。（桑原訳一一八頁）

このように、元禄時代の幕府は、およそ軍事について関心を示さなくなっていた、あるいは避けていた。武人白石は、それに強い危機感を抱き、意見書を将軍家宣に差し出した。

白石は、「天下の軍備がゆるんだなどということは、世間の人に聞こえても、国の体面を汚す最大のことであるから」（桑原訳一一七頁）とも書いている。軍備が緩んでいるということは、武家国家にとって最大の汚点、ということである。そこから、武家国家にふさわしい軍備の整備の必要性を説いたのである。

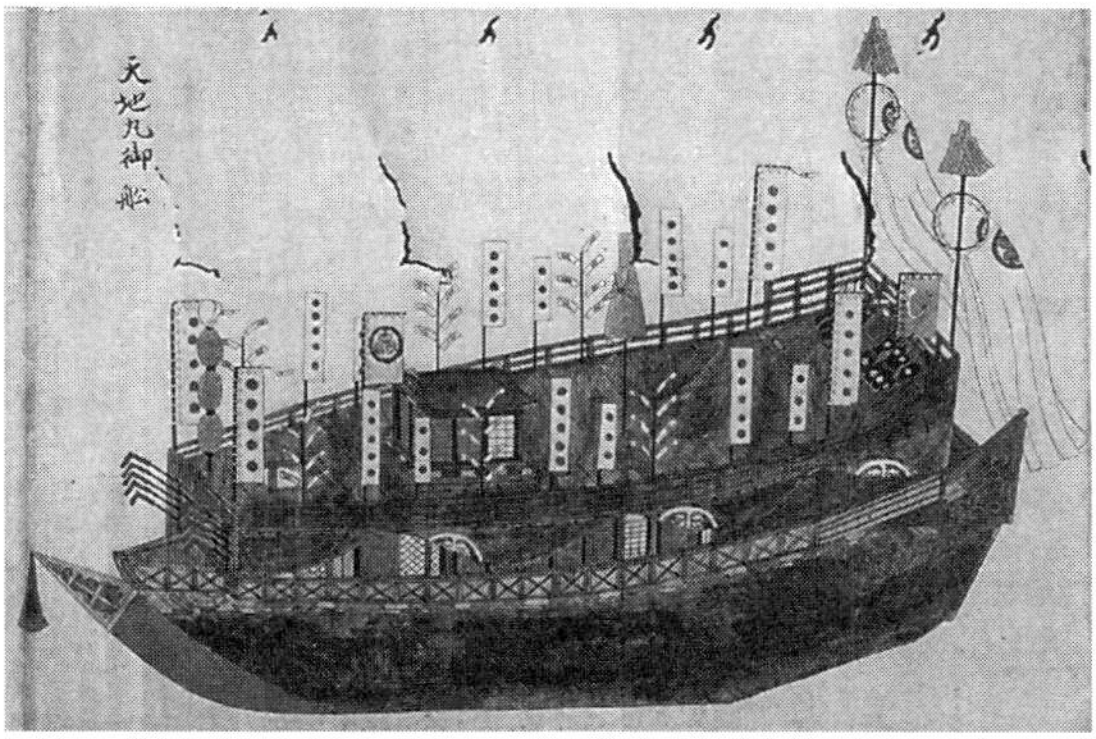

図6　天地丸（『将軍乗船図』より，東京国立博物館所蔵）

軍船の修復

軍船に関しては、天地丸を修復した（図6）。天地丸は、関船《せきぶね》と呼ばれる船である。関船とは、櫓数四〇～八〇挺立ての軍船のことで、安宅船が禁止されて以降の代表的な船である。天地丸は、櫓数七六挺というから安宅丸と比べると小ぶりだが、なかなかの大船である。寛永七年六月に、三代将軍家光が乗船したとの記録がある。

宝永六年九月五日に、将軍家宣は浜御殿（現東京都中央区築地の浜離宮庭園）から幕府軍船を上覧した。老中、若年寄、側衆らが見物する中、櫓数三二挺立ての小早《こばや》武内丸を先頭に、天地丸、櫓数一二挺立ての伝馬船、櫓数三二挺立ての小早橘丸、三二挺立ての小早住吉丸の軍船行列を上覧したのである。なお、小早船は小型の関船で、櫓数四〇挺立て以下の船である。さらに、正徳元年三月にも浜御殿からの将軍家宣の上覧があった。これは、修復が終わった天地丸を上覧したらしい（以上、『通航一覧』第八、五一五〜五一九頁）。なお、天地丸は、幕府軍船の第一の大船として、その後も修復が繰り返されている。

この軍備の整備、文武の奨励は、享保《きょうほう》の改革に引き継がれてゆく。

密貿易唐船打払い令

幕府は、正徳五年に正徳新例《しょうとくしんれい》（海船互市新例《かいはくごししんれい》、長崎新例とも）を発令し、貿易額の定高制《さだめだかせい》、渡来船数の制限、そして、唐船《とうせん》には貿易許可証である信牌《しんぱい》の交付という、長崎貿易の大改革を実施した。これは、白石が提起し、主導した貿易制限策が発端となった新政策だった。

船数、信牌による規制をうけ打撃をこうむった唐船による抜荷《ぬけに》、すなわち密貿易が激増した。そこで幕府は、享保二年（一七一七）末から、福岡、萩、小倉の三藩の海域で密貿易唐船の打払い策を採用し、翌年二月、目付渡辺永倫《わたなべながとも》を派遣して、打払いを実行した。しかし、さしたる効果がなかったため、四月には鉄砲による唐人《とうじん》殺傷を許可する厳しい打払いを断行した。これ以降、きびしい密貿易唐船打払い策が続いた（彭浩『近世日清通商関係史』第四章)。

唐人の不法行為頻発

この密貿易唐船に対する強硬策は、実は正徳四年から始まった。輸出用の銅が不足したため貿易が滞り、唐人も長崎の商人も苦しんだ。その結果、密貿易がさかんになったのである。長崎の商人は、①唐人屋敷(唐人の居留地。唐館)に在留している唐人と唐人屋敷内で密貿易、②渡来する唐船を海上で待ち受け密貿易、などをおこなっていた。唐人も、近年は定められた航路を守らず、かってに近海に出没して海上で日本商人と密貿易をしている、という(桑原訳三〇一~三〇二頁)。

唐人はそれだけではなく、最近は、①上陸して水をとり木を伐る、②漁船が獲った魚や海老、さらには女、子どもが拾った海草などを奪い取る、などの不法行為を働く、③土地の住民がこれをとがめると武器によって拒む、④警備の船(「番船《ばんせん》」)が近づくと大砲をうつなど、武器によって抵抗する、という。このような唐人の法令を守らない行為が横行しているので、法令を守らせる必要がある、と長崎奉行が上申してきた。

白石は、このような事態に立ち至った原因が、元禄時代の幕府の政策、それは外国人を穏やかに扱うことを基本とした政策、すなわち外国人宥和策にある、と判断した。それは、日本人が外国人と敵対したり、手向《てむか》いしたりすることを禁止する策だった。例えば、長崎奉行所の下級役人が、唐人に軽ろんじられ馬鹿にされたため、刀を抜いて唐人に軽い傷を負わせたさい、奉行所はこの下級役人を追放した、ということがあった。そのような扱いが重なって外国人が勝手気ままになり、現在の事態に至った、と白石は理解した。

白石は、この事態を打開するため、次のような対応策を打ち出した。

日本は武を貴ぶ国

日本は万国にすぐれて、武を尚《とうと》ぶ国とむかしから言われております。それを、いまこうした外国船の商人たちにばかにされることは、国の体面上もっとも憂うべきことです。

（桑原訳三〇二頁）

日本は世界でもっとも武を貴ぶ国と言い伝えられてきたのに、唐人の商人に侮られているのは面目丸つぶれだと嘆いたのである。白石は、武家国家が外国商人にばかにされる屈辱的な事態と憤り、歯ぎしりしたのだろう。商人に馬鹿にされる、という点に白石は耐えがたかった。

そこで白石は、①長崎奉行から唐人へ下す命令、②西国・中国地方の諸大名へ下す命令、の二通の案文を提出した。

①の唐人へ下した文書は、幕府儒者の深見新右衛門（本書一頁参照）、三宅九十郎（観瀾《かんらん》。

一六七四〜一七一八。水戸彰考館《しょうこうかん》総裁から幕府儒者）、室新助（鳩巣。一六五八〜一七三四、加賀藩儒者から幕府儒者、将軍吉宗《よしむね》の侍講になる）らに起草させ、それに手を入れて作成されたといい、②の諸大名への命令は、白石が起草したという。

不法唐船打払い令

①は、老中久世《くぜ》大和守重之《しげゆき》の名で発令され、正徳四年五月一一日付の漢文（『通航一覧』第五、二五四〜二五五頁）が、帰国する唐船に一通ずつ渡された。その翻訳（日本文）が、「信牌方《しんぱいがた》記録」（『享保時代の日中関係史料』一、九頁）、および『徳川実紀』（第七篇、三七八頁）に五月一四日のこととして載せられている。その内容は次のようなものである。

唐船は近年、定められた航路を外れて海上で密貿易をおこない、所々に上陸して不法を働いている。元禄時代から、幕府は沿海諸大名に、唐人を穏やかに扱うように命じ、不法を働く唐船を穏便に退去させてきた。聞くところによると、中国沿岸に海賊が多数出没している。その海賊が日本にきているのかもしれない。今後は、海賊や密貿易船を発見したら警備船を出して捕らえ、首領は江戸に送る。国法を遵守するように。

②は、五月二一日（『御触書寛保集成』。『徳川実紀』は二〇日）に長崎奉行と周辺諸大名に触れた命令（②―1）、および九州、西国の沿岸に領知を持つ大名ら八〇家への命令で

ある（②—2。『御触書寛保集成』一九七〇号、『通航一覧』第八、四六〇〜四六一頁）。②—1は、不法を働く唐船を発見したら、その船を乗っ取り、乗員を切り捨てて注進せよ、唐船に近づく日本船を発見したら、乗員を捕縛して注進せよ、という指示である。②—2は、領内の船の管理を厳しくし、密貿易用に貸す者がいれば捕縛し注進せよ、密貿易をおこなう者が出れば、領主の怠慢として処罰する、という内容である。

白石は②の命令を、「外国人が近海に出没し、海岸に上陸した場合は、その船を焼き、その人間を斬りすてるべきである。また、わが国の船で外国船に近づくものは逮捕すべし」（桑原訳三〇三頁）と要約している。それまでの穏便な対応策、宥和策から、不法唐船は焼き討ちし、乗員は斬り捨てる、という強硬策への転換である。外国商人になめられて恥辱をこうむることを嫌う、いかにも武家国家らしい不法唐船打払い令である。また、いかにも武人白石らしい政策でもある。

日光社参をめぐる綱吉と家宣

江戸幕府政治のあり方として、武断政治から文治政治への転換が語られてきた。その指標の一つとして、将軍の日光社参《にっこうしゃさん》がある。日光社参は、将軍が諸大名らに命じて軍事動員するもので、合戦のない時代に、将軍の軍事指揮権とその武威《ぶい》を誇示する絶好の機会だった。武威により諸大名らとの主従関係を維持・強化する方策の一つとして、江戸時代前期には繰り替えされた。軍役《ぐんやく》発動により軍事的な緊張を人為的に生み出して将軍権力を維持する、いわゆる武断政治にふさわしいものだった。

武威より儀礼・道徳などにより身分秩序の維持をはかる文治政治へ転換し、それを推進した元禄時代の五代将軍綱吉は、いちども日光社参をしなかった。しかし、武断から文治へ、武威から儀礼・道徳への転換ゆえに日光社参をしなかったという理解は、事実として正しくない。なぜなら、一度は社参計画を発表したものの、中止せざるを得なかったからである。

幕府は、元禄一〇年二月一五日に、日光社参計画を公表した。

近年の内、日光　御社参の由、菊の間において諸役人え老中仰せ渡さる。

（「江戸幕府日記」元禄日記十年）

近年の内日光え御社参遊ばさるべく候。久々御成《おなり》これなく候につき、心得のため前広《まえひろ》に仰せ出され候。老中・右京大夫（側用人松平輝貞《てるさだ》）・出羽守（側用人柳沢吉保《やなぎさわよしやす》）、出仕の面々え御申し渡し、

（「柳営日次記《りゅうえいひなみき》」）

どちらも、ほぼ同内容だが、「柳営日次記」がすこし詳しい。近年のうちに将軍の日光

社参があるので準備するようにという主旨である。前代将軍家綱《いえつな》の日光社参は、寛文三年（一六六三）四月だったので、計画発表の元禄一〇年まで約三四年間の空白がある。実現すればひさびさの御成、日光社参だった。しかし、幕府の財政難により実現できなかった。

次の六代将軍家宣は、正徳二年正月一六日に社参計画を公表した。


来る未《ひつじ》年（正徳五年）、権現様百回御忌の御法事、日光において御執行これあり候。これにより日光御社参遊ばさるべくの旨仰せ出され、席々において老中仰せ渡さる。

（「柳営日次記」）


家康は元和二年（一六一六）四月に死去したので、正徳五年がちょうど百回忌にあたった。日光で執行される法事にあわせて家宣が社参する、と発表したのである。

しかし、家宣は計画が発表された正徳二年の一〇月に死去したため、社参はふたたび実現しなかった。将軍の日光社参は、八代将軍吉宗が享保一三年に、家綱の社参以来六五年ぶりに実現させた。

綱吉と家宣、日光社参への温度差はあったかもしれないが、綱吉が日光社参をしなかったのは、武威より儀礼・道徳の重視、文治政治の推進が理由ではなかった。

武家の旧儀による「礼楽」

「礼楽」を興す時

江戸幕府創業一〇〇年の意味

関ヶ原の戦いが慶長《けいちょう》五年（一六〇〇）、江戸幕府の創業が慶長八年、大坂夏の陣が慶長二〇年、徳川家康の死去が元和《げんな》二年（一六一六）である。新井白石《あらいはくせき》が甲府藩主徳川綱豊《とくがわつなとよ》（のち六代将軍家宣《いえのぶ》）に仕官し、侍講《じこう》として仕えたのが元禄《げんろく》六年（一六九三）、綱豊が将軍綱吉《つなよし》の養子（綱豊から家宣へ改名）となり、世嗣《よつぎ》になったのが宝永《ほうえい》元年（一七〇四）、家宣が将軍になったのが宝永六年、家宣が死去し家継《いえつぐ》が七代将軍になったのが正徳《しょうとく》二年（一七一二）、徳川家康《いえやす》百回忌が正徳五年、家継が死去したのが正徳六年である。

白石が幕府政治に深く関わった時は、大ざっぱに言えば、徳川家康百回忌が象徴するように、江戸幕府が創業からおおよそ一〇〇年、という節目にあたっていた。

白石は、「武家官位装束考」（『新井白石全集』第六、四六五頁）に次のように書いている。

当代ノ御事ニ至リテハ、天下一統ニ帰シマイラセ、昇平スデニ百年ニオヨビヌレバ、京鎌倉ノ代々ノ比量《ひりよう》スベキ所ニアラズ。

天下を平定し太平は一〇〇年になる、鎌倉・室町幕府の時代など比較にならない、と徳川家の偉業を高らかに讃えている。

図7　徳川将軍系図

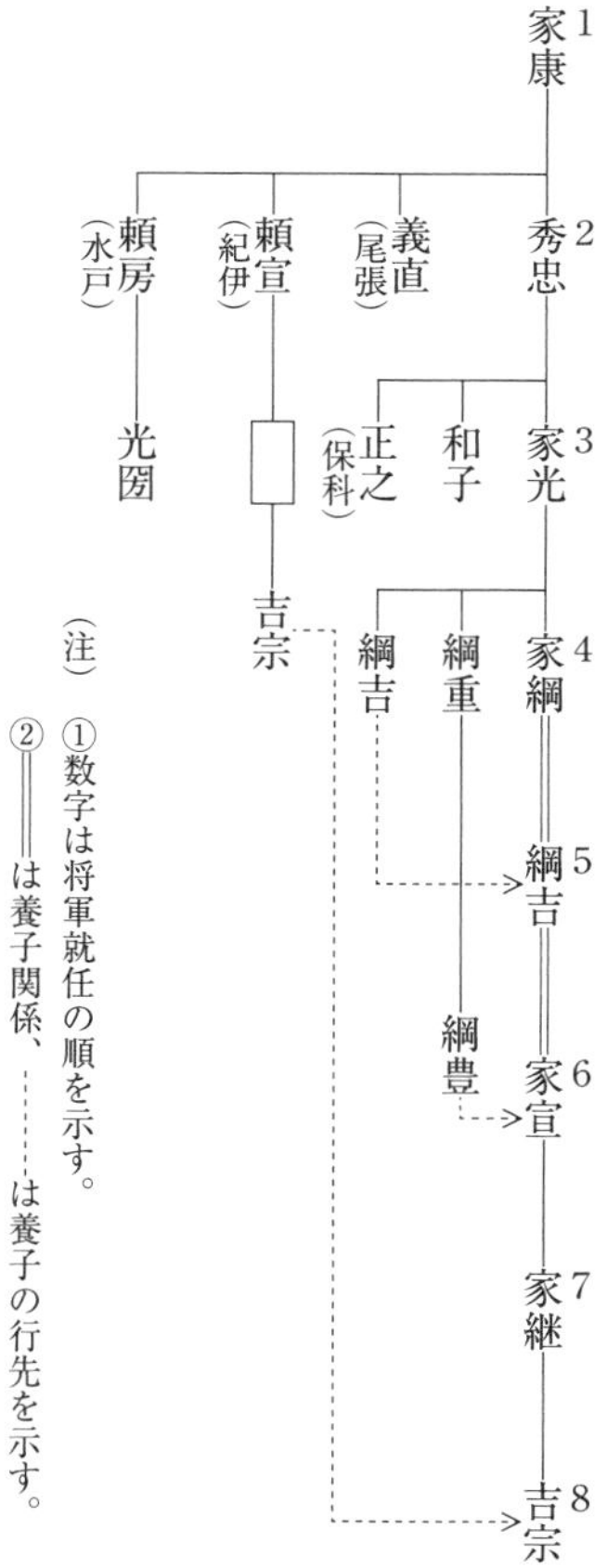

（注）①数字は将軍就任の順を示す。
②═は養子関係、------>は養子の行先を示す。

一〇〇年という時間は、儒学者白石にとって、次のような特別の意味があった。

礼楽《れいがく》ノヨリテ起コル所ハ、徳ヲ積ムコト百年ニシテ後ニ興《おこ》リツベシ。（同前四七八頁）

徳ヲ積ム事百年ニシテ後礼楽ハ興リツベシ。（同前）

礼楽を興す時

『折りたく柴の記』にも、朝鮮との外交文書に将軍の称号を「国王」とすべきと論じる中で、「百年にして礼楽が興起《こうき》するということもある」（桑原訳一四四頁）と書く。これは、『史記』叔孫通伝《しゅくそんとうでん》「礼楽の由って起こるところは、積徳百年にして後に興すべきなり」にもとづき、礼と音楽のような秩序・文化は、長い年月の道徳的教化がなされてのち振興されるものだ、と解説されている（桑原訳二一九頁、注51）。礼楽とは、礼儀と音楽のことであり、儒教では、礼は社会の秩序を正し、楽は人びとの心をなごませるものとして重視された。その礼楽の振興は、一〇〇年という時間と密接に関わる。

幕府創業ほぼ一〇〇年の時に将軍になったのが家宣だった。白石は、家宣を堯《ぎょう》・舜《しゅん》のような聖主《せいしゅ》にすることをみずからに課した（「私は堯や舜のことばをそらんじながら、わが主君を堯・舜のような主君にできないのは、まことに遺憾である」桑原訳一八二頁）。

家康・秀忠と漢高祖

これには、白石の歴史知識が前提にある。家康には、天下を平定して「将軍家の旧儀」を興そうとする意図があった。慶長二〇年（元和元年）五月に大坂夏の陣が終わり、六月二七日に大名らを招いて舞楽《ぶがく》を見せたこと（本書八三〜八四頁で詳述）、元和二年正月に、初めて威儀を正した元日の儀をおこなったことなどを、その証拠としてあげる。しかし、その年の四月に死去したので、徳川家一代の礼儀を定めることができなかった、と白石は理解する。

次の二代将軍秀忠《ひでただ》の代には、「武家の旧儀」を興そうという指図があった。これには、父家康の遺訓があったのではないかと推測する。しかし、補佐の老臣が（それは土井利勝《どいとしかつ》〈一五七三〜一六四四。秀忠に仕え、家康死後は幕府第一の実力者〉と伝えられている）、それを押し止め、その理由が、漢の高祖《こうそ》劉邦《りゅうほう》（前二四七〜前一九五）の事績にある、という。

天下を平定したが、武将らの殺伐さに困惑していた高祖をみかねた儒者叔孫通が、礼式の制定、礼楽を興すことを進言し、高祖はそれを了解した。そして、魯《ろ》国（周《しゅう》の伝統的文化や制度を伝えた国で、孔子の出身国）の弟子一〇〇余人を招集して議論をし、漢の七年に長楽宮で朝賀《ちょうが》の儀を挙行した。だが、招集に応じなかった儒者が二人いた。彼らは、天下は平定されたが戦乱の余燼《よじん》まださめやらない今、高祖は礼楽を興そうとしているが、

「礼楽のよりて起こる所は、徳を積むこと百年にして後に興りつべし」、すなわち、礼楽は、徳を積んで一〇〇年にして興るはずのものなので、高祖のやろうとしていることは時期尚早で不適当と考え、招集に応じなかった、と語ったという。秀忠がやろうとしたのは漢の高祖と同じで、土井利勝ら老臣が押し止めたのは、魯国の二人の儒者の言葉と同じだという。その二人の儒者の言葉にも、「徳を積む事百年にして後礼楽は興りつべし」、つまり、徳を積んで一〇〇年後に礼楽は興るはず、と見える。

そこから、白石は次のように指摘する。

サラバ当家ニオキテハ、武家ノ旧儀ニヨリテ、万代ノ礼式議定アルベキハ、マコトニ百年ノ今日ヲ以《もっ》テ、其期也《そのきなり》ト申スベシ。

（「武家官位装束考」『新井白石全集』第六、四七八〜四七九頁）

徳川家（江戸幕府）が、「武家の旧儀」によって永久に続く礼式を定めるのは、創業から一〇〇年を迎えた今こそその時、と主張する。白石は、創業から一〇〇年になる当代、すなわち将軍家宣は、「武家の旧儀」による礼式を興すべきだ、と提言したのである。礼楽を説くのは儒学者としての白石、「武家の旧儀」による礼楽を説くのは武士としての白石らしさである。白石が、武士儒学者だったことをよく示す。

礼楽は迂遠の空論にあらず

聖王の道（＝礼楽による政治）は、すぐには役立たないように見えるので、なかなか賛成を得られにくい。そこで白石は、中国の例をあげる。唐の太宗《たいそう》（五九八〜六四九。唐第二代皇帝）が、王道を説く魏徴《ぎちよう》（五八〇〜六四三）の意見を採用し、貞観《じようがん》（六二七〜四九）の泰平（太平の世の模範とされた貞観の治《ち》）をもたらしたことである。しかし、中国の例をひくまでもなく、わが国の天皇を見よ、という。

我国ノヒラケハジマレルヨリ、百王ノ今ニ至ラセ玉ウ迄、皇統ノカクウゴキナクオハシマス事、ナニ、ニヨリテカ、上下ノ分《ぶん》定リテ、君臣ノ別アル御事ニヤト。其《その》イハレヲヨクヨク思惟《しい》アラムニハ、先王《せんおう》（昔の徳の高い王）天下国家ヲ治メラレシニ必ラズ礼楽ニヨリ玉《たま》ヒシハ、果シテコレ迂遠《うえん》ノ御コトニアラザルベシ。（同前四八一頁）

わが国開闢《かいびやく》以来、百世の今まで皇統が連綿と続いて来た原因は何か。それは上下の分が定まり、君臣の別があるからではないか。皇統が連綿と続いてきたのは、下位の者、臣下が天皇にとって代わろうとしなかったからだ、という。その理由をよくよく考えると、徳の高い王は、天下国家を治めるのに必ず礼楽によってきたからである、そう考えると、礼楽を振興させることは、将来を展望すると迂遠なことではない、と白石は言う。

上下の分、君臣の別が定まっていることが、天皇が連綿と続いてきた理由であり、決して武力、武威などにより維持されてきたのではなく、礼楽によると言いたいのである。神君徳川家康百回忌に象徴される徳川将軍家による治世一〇〇年の今にあたり、これを万代まで永続させるには、礼楽を興すべきであり、礼楽は「武家の旧儀」にもとずくべきだ、という主張である。武家の装束、武器、官位、音楽、外交、貨幣など、幕政全般にわたる白石の提言は、このような立場からのものとして理解する必要がある。

武家独自の制度、礼楽をたてるべきだという主張は、白石だけではなく荻生《おぎゅう》徂徠《そらい》や太宰《だ》春台《ざいしゅんだい》らにも共通することが、以前から指摘されているので（黒住真「儒学と近世社会」）、徂徠の説を紹介しておこう。

荻生徂徠の「制度」

荻生徂徠（一六六六―一七二八）は、儒学者で古文辞学《こぶんじがく》（古学）を唱えた（図8）。たんに大儒学者というにとどまらず、その学問手法は、儒学、蘭学、国学など幅広い分野の学問に非常に大きな影響を与えた。祖父の代から医師で、父は館林《たてばやし》藩主時代の徳川綱吉に仕えたことのある医師だった。徂徠は、父が綱吉から追放されたため、一家で上総本納村（現千葉県茂原市）に住み、不遇な境遇の中、勉学に励み、その後、五代将軍綱吉の側用人《そばようにん》をつとめ、元禄時代に権勢をふるった柳沢《やなぎさわ》吉保《よしやす》に仕えた。また、八代将軍徳川吉宗《よしむね》の諮問に応え、享保《きょうほう》一一年（一七二六）頃、政治意見書である『政談《せいだん》』を執筆し提出するなど、現実政治とも関わった。

徂徠は、『政談《せいだん》』の中で、今は「制度」がないという。「制度」とは、昔、聖人が天下を治めるために立てたものであり、上下の差別を立て、奢《おご》りを押さえて世の中を豊かにする「妙術」で、歴代の帝王は、みな「制度」を立てた。しかし、今はどうか。戦国争乱の後、武威により天下を治めている。昔の「制度」は古すぎ、かつ戦乱により失われたままなので「制度」がなく、人びとは勝手次第にやっているのが現状、という。

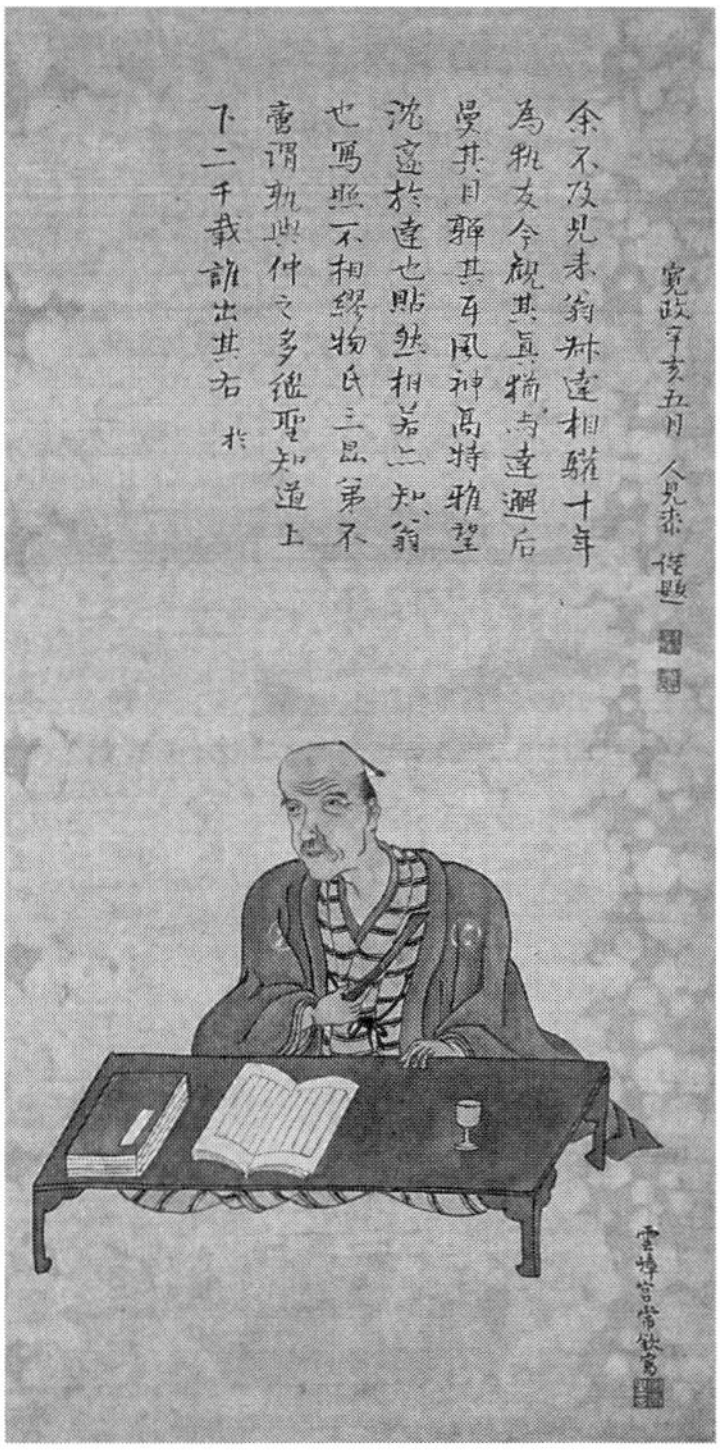

図８　荻生徂徠画像
（致道博物館所蔵）

「制度」とは、衣服、家居、器物、婚礼、喪礼、音信、贈答、供回りなどに、人びとの貴賤、知行の多少、役柄の高下に応じて順序、序列があることである。江戸時代も、一七世紀半ば過ぎ頃に、幕府役職の序列、大名や幕臣らの家格（家柄と格式）が決まっていった。町人・百姓身分の衣服や風俗などの規定も、おおむね定まっていった。近世史研究者はこれをさして、江戸時代の支配体制である幕藩体制の確立と呼んだ。

しかし、徂徠はこれは「誠の制度」ではなく、自然に、なり行きでできた世の風俗にすぎない、と指摘する。「誠の制度」は、過去を参照し未来を考え、世が末ながく安穏であるようにと、帝王が考えて立てるものである。これが「聖人の道」であり、天下国家を治める「骨髄」、「礼楽」に極まる事情である、という（以上、『政談』岩波文庫、九九～一〇二頁）。

白石は「礼楽」を興す、徂徠は「制度」を立てるという差異がある。「礼楽」「制度」により、支配体制の安定と永続をはかるべきだ、という点には共通するものがある。

武家官位に代わる勲階制度——公武各別のための制度（一）

安定の江戸幕府

太平一〇〇年を実現した江戸幕府は、鎌倉・室町幕府と比較すべきものではない、と白石は言っていた（本書四三頁参照）。鎌倉将軍は、三代までは武家将軍だが、そのあとは摂家《せっけ》将軍（摂関家の子が将軍）、次いで宮《みや》将軍（宮家など皇族が将軍）に変わった。また、初代将軍の源頼朝《みなもとのよりとも》は、院宣《いんぜん》（上皇《じょうこう》の命）をうけ、そして、承久《じょうきゅう》の乱（承久三年〈一二二一〉）以降は、執権《しっけん》北条家が全国の政務を処理したように、将軍の政務のありかたも大きく変わった。室町将軍は、足利尊氏《あしかがたかうじ》、義詮《よしあきら》二代のうちは南北朝内乱の時代だったが、三代義満《よしみつ》の代に安定し、武家の儀式も備わってきた。八代将軍義政《よしまさ》までは何とか維持されたが、その後は応仁《おうにん》の乱（応仁元年〜文明《ぶんめい》九年〈一四六七〜七七〉）などにより天下大乱となり、ついに滅んでしまったという次第で、安定した時期は長く続かなかった。

徳川家康が天下を平定してから、太平が一〇〇年続いている。だから、徳川家と江戸幕府は、鎌倉・室町の幕府・将軍と比較にならないことを、まず理解すべきだという。

白石は、この太平を維持するうえで、将軍以下の武家が天皇・朝廷からうける官位《かんい》（官《かん》職《しょく》と位階《いかい》）の制度に、二つの疑問を投げかける。一つは、武士の職掌の重さと官位の低さ・軽さというアンバランス、もう一つは、官位をうけることそれ自体が持つ問題である。

武人は武職を貴ぶ

鎌倉初代将軍の源頼朝が、官位を正二位大納言、右大将に止めたのは武家の職掌を重んじたからであり、また、御家人たちが、諸国の受領《ずりょう》（例えば信濃守）のほかは、四府《しふ》、すなわち左右の近衛府《このえふ》と兵衛府《ひょうえふ》、および検非違使《けびいし》の衛門尉《えもんのじょう》（例えば左衛門尉《さえもんのじょう》）をもっぱら望んだのは、武人だからという。近衛府は天皇近侍《きんじ》の親衛軍で、皇居の警備、行幸《ぎょうこう》の警衛などに従事、兵衛府は天皇の身辺警護を担当、検非違使は京都市中の警察、裁判、訴訟に従事した警察・軍事を担当する武職だった。

文事は武士の家業ではないので文官は望まない。武家がもっとも貴く思うのは、武職、すなわち武士の職能に関わる職である。天皇からうける朝廷の官位を必ずしも貴いものとは思わないのが武士の考え方であり、これは忘れてはならないという。

足利義満は、天皇から死後に太上天皇《だいじょう》号を贈られ、中国明朝《みんちょう》皇帝から日本国王に任じられ、まさに位人臣《くらいじんしん》を極めた。しかし、白石は、御家人の官位は管領《かんれい》（将軍を補佐し、幕府政務を総轄）でも四位どまりと指摘し、御家人の官位を論じる。江戸幕府の老中は、朝廷で言えば大臣、鎌倉・室町幕府で言えば執権・管領に相当する。家康・秀忠の代は位階は五位、禄高は一万石程度だったが、家光《いえみつ》の代から従四位下侍従《じじゅう》、大老《たいろう》は少将になった。将軍の近臣である従四位下の老中が、従五位下相当の侍従に任じられる奇妙さも指摘する。

白石は、江戸幕府の御家人、すなわち譜代大名、旗本・御家人は、鎌倉・室町幕府の時のように、位階は正四位上を上限とし、官職は四府、すなわち左右の近衛府と兵衛府の督《かみ》、あるいは四職《ししき》（左京職、右京職、大膳職《だいぜんしき》、修理職《しゅりしき》）の大夫とすべきという。

足利義満批判

白石は、『読史余論《とくしよろん》』（正徳二年〈一七一二〉成立）の中で、次のように官位の問題で足利義満批判を展開する。なお、義満について、武家の礼式を制定して、長く幕府の先例になった、と評価されていることも紹介している（『新井白石「読史余論」現代語訳』横井清

訳、講談社学術文庫、二〇七頁。以後、横井訳と略す）。

王朝はすでに衰え、武家が天下を治めて、天皇を立て、世の共主として以来は、人臣であっても実質はその名目に反する。自分は王官（王が授ける官職）を受けていながら、王事には従わず、自分に仕える者に向かっては、自分に服従せよと命令したところで、下位の者がどうして彼に心服するであろうか。しかも、自分が受けたのは王官である。自分の臣下が受けたのも王官である。君臣ともに王官を受ける以上は、実質は君と臣ではあっても、その名目はともに王臣《おうしん》なのだ。とすれば、その臣がどうして彼を尊ぶことがあろうか。

（横井訳二〇八～二〇九頁）

解説すると、次のようになる。

武家（足利家）が天下を治め、北朝の天皇を推戴して天皇に立てて以来、足利将軍は、形式的には人臣（臣下）だが実質は君主なので、形式と実質が食い違っている。しかも、天皇から官職をうけながら官職に伴う職務をしないのに、自分に仕える者には自分に服従しろと命じても、下の者は心服しない。しかも、義満とその家臣は、主従、君臣の関係（義満―家臣）にあるが、義満もその家臣も同じく天皇から官位を授与されると、ともに天皇の臣下、王臣（天皇―義満・家臣）となり、王臣という点で義満も家臣も同列になる。

だから、家臣は義満に心から従わず、義満を尊ばなかった。その結果、義満の時代に反乱・謀叛が絶えなかった、ということだろう。

つまり、義満は、実質は君主だが推戴した天皇の臣下であるという矛盾、しかも朝廷の官職に伴う仕事をしないという問題を抱えている。また、義満と家臣は主従関係にありながら、ともに天皇から官位を授与された王臣で同列という矛盾を指摘した。

官位の危険と勲階の提言

そこで白石は、義満は足利家を頂点とする独自の「官位制度」を作るべきだったと主張する。中国とわが国の古今の制度を研究して、義満の地位と名称を確定させ、天皇の次に位し、朝廷の公卿《くぎょう》・諸大夫《しょたいふ》（天皇の臣下）以外、全国の人民すべてが義満の臣下になる制度を作るべきだったという。義満は、官職は征夷大将軍《せいいたいしょうぐん》、その別称ないし尊称は公方《くぼう》であり、徳川将軍も同じだった。義満が、その地位と名称を決め、官位制度とは異なる、天下の人民をみな臣下とする制度を作ってくれていたならば、江戸幕府もそれを利用できたのに、といささか虫がいいことを言う。

足利義満批判のかたちをとっているが、徳川家、江戸幕府も同様なので、官位制度が内部にはらむ矛盾に警鐘を鳴らし、独自の勲階制度の必要性を主張する。白石の考える勲階制度は、具体的な内容が書かれていないのではっきりしない。そこで、同じかどうかわからないが、荻生徂徠が提案する「勲階制度」を詳しく見よう。

荻生徂徠も官位の危険を指摘

まず、この官位の問題に関連して、白石とほぼ同時代の大儒学者である荻生徂徠の意見を紹介しておこう。

荻生徂徠は、『政談』（本書四九頁参照）の中で、次のように論じる。

天下の諸大名皆々御家来なれども、官位は上方（京都）より綸旨《りんじ》・位記《いき》を下さるる故に、下心には禁裡《きんり》（天皇）を誠の君と存ずる輩《ともがら》もあるべし。「当分はただ御威勢に恐れて御家来分になりたるというまでの事」などと心得たる心根《こころね》失せざれば、世の末になりたらん時に安心なりがたき筋もあるなり。（『政談』一六八頁）

解説すると、次のようになる。諸大名はみな将軍の家来だが、中には天皇から官位を叙《じょ》任《にん》する文書（綸旨・位記）が出されるので、天皇こそ真の主君と考える者もいるだろう。今はただ将軍の威勢をおそれて家来になっているだけのこと、と考える性根がなくならないと、世の末になった時に安心できない、と指摘する。官位は、天皇との君臣関係を大名に思い起こさせるので、徳川家の威勢が衰えた時に安心できない、と警告する。それは、白石の警鐘によく似ている。その問題を解消するため、徂徠は勲階制度を提案した。

職掌の序列と殿席・席順

勲階とは何か、徂徠の説明を見よう。昔から、官・位・爵《しゃく》・禄《ろく》がある。官は役儀、位は席だが、現在は名ばかりである。爵は、官位のほかに栄典として人に賜うものなので、現在の官位は爵と同じことになる。武家は、役職と席のほかに官位があるので、武家の官位は、栄典、名誉として与えられる爵と同じ、という意味である。

武家の役職と席とは何か。江戸城に登城した大名や諸役人は、城内で詰める席（殿席《でんせき》）が決められている。延享《えんきょう》元年（一七四四）六月の「殿中席書」（『御触書寛保集成《おふれがきかんぽうしゅうせい》』二一号）に、御黒書院溜《たまり》の間《ま》を筆頭に、同所次《つぎ》、大広間、帝鑑《ていかん》の間、柳の間、雁《かり》の間、菊の間、南の方御襖際《ふすまぎわ》、同所敷居《しきい》の外《そと》、同所縁頬、芙蓉《ふよう》の間、山吹の間、御連歌の間北の縁頬、中の間、桔梗《ききょう》の間、躑躅《つつじ》の間、同所東御襖際、同所敷居の外、紅葉の間、虎の間、土圭《とけい》の間、檜の間、医師の間、焼火《やけひ》の間、御納戸《なんど》廊下、御台所前廊下、同下の方、御玄関がある。

この席（あるいは間）には序列がある。大名は、格式に従って溜の間以下に座り、江戸城に詰める諸役人も、格式に応じて菊の間以下に座る。さらに席（間）の中に、諸役職が記されている。例えば、芙蓉の間であれば、御奏者番《そうしゃばん》、寺社奉行、大坂御定番《じょうばん》、伏見奉行、駿府御城代《じょうだい》、御留守居《るすい》、大目付、町奉行、御勘定奉行、御作事《さくじ》奉行、御普請奉行、甲府勤番頭《きんばんがしら》、長崎奉行、京都町奉行、大坂町奉行、駿府御城番、禁裏付《きんりづけ》、山田奉行、日光奉行、奈良奉行、堺奉行、駿府町奉行、佐渡奉行、浦賀奉行が並べられている。これは、たんなる羅列ではなく役職の序列である。このように役職が序列化され、江戸城中の儀式などで居並ぶ時、この席順で並ぶ。これが、役職と席の具体的な姿である。

官位は幕府政治の邪魔

徂徠は、勲階制度、「公武各別」の制度を提起した理由について、「総じて御政務の筋、何事も堂上方《とうしょうがた》邪魔になりて上《かみ》の御心一ぱいに御取り行い遊ばされがたき筋あるようなれば、この愚按《ぐあん》に及ぶ也」(『政談』一六八頁)と書く。朝廷・公家の存在が邪魔になり、幕府が、政治を十分かつ自由におこなえないところがあるという。具体的には官位制度の存在がもたらす問題で、具体的な事例として朝鮮通信使をあげる。

白石が問題視した、朝鮮側の使者(三使《さんし》)の饗応に三家(尾張・紀伊・水戸家)が相伴《しょうばん》を務めた件である。徂徠は、「新井筑後守《ちくごのかみ》(白石)このことを憤りて、三家の相伴をやめたれど」(『政談』一七〇頁)と、白石が怒って三家の相伴を止めさせたと書く。位階が三位の三家が相伴役を担う理由は、朝鮮側の三使の位階が朝鮮では三位なので、三位同士で釣り合うという理屈である。

しかし、日本と朝鮮の外交儀礼は、将軍と朝鮮王が同格という理解で成り立っている。すると、将軍家の一族である三家は、天皇家で言えば皇族・親王《しんのう》にあたるので、位階は一位に相当する。本来ならば位階が一位である三家を、位階が三位の朝鮮側三使の相伴に出すのは、まことに釣り合いのとれない礼法という。

朝鮮王から天皇への使者ならば、位階が三位の公家を三使の相伴に出すのがもっともふさわしい。だが、天皇は皇帝であり朝鮮王は王位なので同格ではなく臣下の扱いである。日本の三位と朝鮮の三位で釣り合っているように見えるだけで、これは正しくない。なぜなら、それでは朝鮮王と天皇が同格になり、将軍は朝鮮王より格が一段落ちてしまうからである。それでは国家の体裁・面子を失い、まことによろしくない。

官位制度を守ろうとするから不体裁な事態が生じるのであり、勲階制度にするなら、中国も朝鮮も勲一等と一位を同格に見なすので、勲三等の人を三位の朝鮮側三使の相伴に出せば問題は解決する。徂徠は、何ごとでも「公武各別」の制度を立てるべきだ、と力説する（『政談』一七〇頁）。「公武各別」の強調は、徂徠も白石も同じである。

武家には、大名は家の格式に応じた殿席とその中での席順があり、幕府諸役人は役職の序列による殿席と席順があった。徂徠は、古代にその人の勲功によって田地を賜るのに一二段の上下があった、というのを持ち出して、これまで朝廷・公家はこれを用いてこなかったのを幸いに、武家が用いることを提案する。勲一等から一二等までの一二段階の勲階制度であり、現行の席順を、この勲階の序列にあてはめる。

官位に代わる勲階

官位が宰相《さいしょう》級は勲一等、加賀前田家と三家の嫡子など中将級は勲二等、高松・会津の両松平、井伊、島津、仙台伊達など少将級は勲三等、越前・松江の両松平、細川、岡山・鳥取の両池田、御三家の庶流、大老と筆頭高家など侍従級は勲四等、少将以上の家格を除く国持大名家、宇和島伊達、庄内・姫路の両酒井などと、老中、京都所司代、側用人、高《こう》家《け》など位階が四位級は勲五等、侍従以上にはならないが一般大名より高い四位に叙された大坂城代、諸大夫級は勲六等で、一般の大名家の当主、旗本で番頭《ばんがしら》・奉行らの要職、および六位相当の布衣《ほい》（諸大夫と平士の間の「布衣の列」という格式）は勲七等、勲八等から一二等までは無官の役人らが格付けされる。

幕府重職である大老は勲一等か二等、老中は勲三等にすれば、大名を支配するにも、高位高官の者に命令するにも、自己の高い勲等による権威を背景にできるという。

宰相、中将、少将、侍従、四品、諸大夫などの官位は、「ただ上の化粧」と心得させ、勲階の方を重んじるようにするのが重要だという。官位制度を否定するわけではないが、武家にとってはただの飾りと心得え、勲階制度を武家の実質的な序列の秩序とすることが重要なのである。時間をかけてこれが武家に染みこめば、「公武各別」、すなわち公と武は別物ということをはっきりさせられると説く。武家独自の勲階制度を設けることにより、官位制度が持つ武家政権にとっての矛盾、危惧を解消できる。

白石と徂徠は、現行の官位制度がはらむ問題と危険性を指摘し、徳川将軍家の将来を危惧して、官位制度とは別の武家独自の勲階制度創設を提起したのである。

武家装束の整備——公武各別のための制度（二）

武家の旧儀とは

白石がいう「武家の旧儀」とは何か。その一例を紹介しよう。

白石は正徳元年（一七一一）一〇月一七日、東海道川崎宿まで行き、朝鮮通信使一行に対面した。この年八月に、家宣の将軍襲職《しゅうしょく》を祝賀する朝鮮通信使一行を途中で出迎えよ、と内命をうけ、旅費に一〇〇両を賜った。出迎えに着る装束について思案を重ねた結果、当日は、「縁《へり》をつけた塗烏帽子《ぬりえぼし》に、木蘭地《もくらんじ》の水干《すいかん》、袴《ばかま》に括《くく》りの紐をしめ、銀作《しろがねづく》りの野太刀《のだち》をおびた」（桑原訳一六〇頁）という出立ちだった。縁を縫った烏帽子をかぶり、赤黒色を帯びた黄色の水干、裾を括った袴の装束に銀作の野太刀を差す、というものだった。この水干は、鎌倉時代以降、狩衣《かりぎぬ》とともに武士の正装・礼装となった装束で、白石の肖像画に見ることができる。

通信使を川崎宿の旅宿に出迎えるのは、非公式な会合なので、江戸城中の儀礼と異なる装束であるべきで、武事に「水干」を用いるのが「武家の旧儀」という理解である。先方へは、「武の常服」を用いるので、通信使側も「常服」を用いるよう伝えた。通信使側が旅宿の門まで出迎えることも想定し、駕籠の中に沓《くつ》を用意し、実際に通信使の上々官《じょうじょうかん》が出迎えたので、沓を履いて中に入った。これは、国体と「武家の旧儀」をわきまえるからだという。国家の名誉と武家の作法・慣習を重んじる白石らしい。

白石は朝鮮通信使を川崎宿に出迎えたさい、装束に「水干」を用い、それが「武家の旧儀」と書いていた。装束もまた、武家と公家は別、「公武各別」であることを強調した。

「武家の旧儀」と装束

白石は、源頼朝を、鎌倉を居所として武家の儀礼を立派に作り、深謀遠慮を働かせて公家の儀礼に頼ろうとしなかったと讃える。右大将拝賀《はいが》の参内《さんだい》儀礼のさい、甲冑《かっちゅう》の武士を供にしたのは、武家の儀礼には公家の儀礼を用いないのが武家の故実、すなわち「武家の旧儀」だからという。束帯《そくたい》、帯剣《たいけん》・笏《しゃく》はごく稀で、直衣《のうし》も直衣始め参内の時のみ、威儀をただす時は立烏帽子《たてえぼし》に水干、騎馬の時は水干、輿《こし》の時は布衣《ほい》、御家人の装束も、束帯は三代将軍までは見えず、衣冠はごく稀で、慶賀の時は白水干、白直垂《ひたたれ》、一段の晴れの場では水干、弓始めや的《まと》始めの時は、立烏帽子に水干 袴《はかま》浅沓《あさくつ》がきまりという。

室町幕府の足利家は、ほぼ鎌倉幕府の儀礼を踏襲したが、足利義政の代、応仁の乱以後に乱れて「武家の旧儀」を失った、と歴史を振り返る。そして、武家の装束は、束帯、直衣、狩衣などのほかは、公家のそれと異なるのが武家の故実であり、もっとも装束を整えた束帯の時も、供奉《ぐぶ》の行列に公家の作法を用いるべきではない、まして城中においては武家の作法であるべきだ、という。

家康と武家装束

白石は、徳川家康と武家の装束、「武家の旧儀」の関わりを論じる。

家康は、古来の将軍家の旧儀を再興しようと計画し、「武家の旧儀」を伝える「武家の遺老《いろう》」とも言うべき細川藤孝《ほそかわふじたか》（幽斎《ゆうさい》。一五三四〜一六一〇。織田信長《おだのぶなが》、豊臣秀吉《とよとみひでよし》、家康三代に仕えた武将で、三条西実枝《さんじょうにしさねき》に古今伝授《こきんでんじゅ》を受けた歌人）を召してさまざま聞いていた。しかし、幽斎も、二〇〇年にわたった天下の争乱により、「武家の旧儀」がすたれた後に生まれた人なので、伝えている故実はわずかだったろうと推測する。

元和二年（一六一六）に初めて「元日の儀」があり、御家人らは威儀をただして臨んだ。装束は素襖《すおう》（袍）を用いたという。素襖は江戸時代、直垂の一種で、御目見《おめみえ》以上で布衣以下の者の礼服として使われた。しかし、家康はその年四月に死去したため、徳川家の礼儀を定めるまでに至らなかった、と惜しがる。武家には武家の装束の旧儀があり、公家には公家の装束の旧儀がある。つまり公武は「各別」で、武家の旧儀を確立しそれを守ることが重要という主張である。だから白石は、朝鮮通信使の出迎えに武家の装束である水干を撰んだのである。武家装束の公家装束からの自立というより、武家の旧儀、故実に従った装束を確立すべきとの主張である。

家宣と武家装束　「文昭院殿御実紀附録」（『徳川実紀』第七篇、二六〇〜二六一頁）に、家宣はさまざまな事柄について、きちんと整った規則などを定めたが、装束についても、古今と時宜《じぎ》を斟酌《しんしゃく》し新たに定めた立派なものがあると讃え、具体例をあげる。

①　将軍が寛永寺と増上寺に参詣のさい、直垂を用いていたのを、正徳元年から小直衣《このうし》に改めた、

②　朝鮮通信使を謁見するさい、直垂を用いていたのを直衣に改めた、

③　指貫《さしぬき》（袴）の色を、御三家は禁色《きんじき》、侍従以上は薄紫、四品以上は濃紫、諸大夫（従五位下）は浅黄《あさぎ》と定めた、

④　元日の賀儀に、諸大夫は大紋《だいもん》を着していたが、正徳二年の元日から狩衣に変更した、
⑤　狩衣や布衣を着した者に、足袋の使用を許した、
などがあげられている。

荻生徂徠と装束制度

荻生徂徠は、前述のように、制度をたてることを重視した儒学者である。上は大名から下は諸士に至るまで、衣服、家居、器物、食事、供廻りなどの制度は、役席の高下、官禄の多少によって立てることを提案した（『政談』一五二頁）。制度があれば、「これは大名、これは大役・高官の人」という違いが、視覚的におのずとわかり、人びとは貴い者を敬い、儀式はおのずと混乱しない。衣服の違いにより、見ただけで身分の高下がわかる、ということである（『政談』一〇五頁）。

武家の装束について、烏帽子・直垂を用いなければ制度を立てられないという。そのさい、昔の堂上《とうしょう》公家の法にかかずらうべきではない。なぜなら、公家の時代の武士は、とのほか下賤な地位に貶《おとし》められていたので、その時代の法を用いると今日の実態にあわない。烏帽子・直垂は、公家の作法ではなく昔の武家の作法である（『政談』一五五頁）。烏帽子・直垂を一二等の勲階に応じた物にして着用する制度にし、物好きや世の流行により変えることができないよう、生地も色も一定にし紋も模様も付けないものにする。

烏帽子・直垂を着た姿を、「のろくて鈍臭《どんくさ》く」感じる人が多いという。それは、禰宜《ねぎ》や鹿島の事触《ことふ》れ（その年の豊凶・吉凶につき、鹿島大明神の神託と称して、元日から三日にかけて触れまわった）など、折烏帽子・狩衣の神官の姿をした白衣の人を見慣れているからそう思うのだという。また、軍用に良くないという人がいるが、源平合戦や南北朝内乱の頃は、みな烏帽子・直垂を用いていた。衣服の制度を定めるには、例えば将軍の日光社参をよい機会にし、その二、三年前に「装束はかくかくしかじか」と号令を出して準備させ、社参以降はそれを平日に用いるよう提案している。

官位に応じた装束は、公家の法・制度によるので、上洛の時だけ用いるようにすべきという（『政談』一六八頁）。武家の装束は、勲階に応じた烏帽子・直垂に定め、官位に応じた装束は、上洛の時だけ用いることにすべきだと主張する。

官位と関係なく武家独自の爵階を作り、装束は武家の旧儀により定めて「公武各別」を確立させようとした。それが、徳川家、江戸幕府の支配が永続することになると考えたのである。

武家国家の外交――日本国王

白石の考える官位制度に代わる勲階制度、武家の旧儀に基づく装束などは、提案に留まったが、朝鮮外交における変更は実行され、物議を醸して後に引き継がれなかった。

殊号事件（復号一件）とは

殊号《しゅごう》事件、あるいは復号一件と呼ばれる、徳川将軍の外交称号の変更問題である。殊号とは特別な称号の意味で、この場合は将軍の呼称である。朝鮮外交における徳川将軍の称号を、それまでの「日本国大君《たいくん》」から「日本国王」に変更した一件である。白石の武家、そして、武家国家意識が強烈に表れたのが、「日本国王」問題と言える。将軍の対外的称号でも、「公武各別」を実現しようとした。

江戸時代の日本と朝鮮は隣好《りんこう》関係にあり、朝鮮国王と将軍は国書を交換した。将軍の代替わりごとに、朝鮮国王の使節が江戸にきて、将軍に国書と別幅《べっぷく》と呼ばれる贈り物を捧呈し、将軍からの朝鮮国王宛返書と贈り物を受領して帰国した。それが、朝鮮通信使と呼ばれる使節である（最後の使節となった文化《ぶんか》八年〈一八一一〉は対馬《つしま》で儀礼がおこなわれ、易地《えきち》聘礼《へいれい》と言われる）。

国書の宛名と差出

将軍と朝鮮国王が取り交わした国書の一部を、『通航一覧』第三から掲げてみよう。

① 〔元和三年（一六一七）〕二代将軍徳川秀忠
（朝鮮側）朝鮮国王李琿奉書日本国王殿下……
万暦四十五年五月日　朝鮮国王李琿（九一頁）
（日本側）日本国源秀忠奉復朝鮮国王殿下……
龍輯丁巳秋九月日　日本国源秀忠（九二頁）

② 〔寛永《かんえい》元年（一六二四）〕三代将軍徳川家光
（朝鮮側）朝鮮国王李倧奉書日本国王殿下……
天啓肆捌月日　朝鮮国王李倧（九九頁）
（日本側）日本国源家光奉復朝鮮国王殿下……

龍集甲子冬十二月日　　　日本国源家光（一〇〇頁）

③［寛永一三年］三代将軍徳川家光

（朝鮮側）朝鮮国王李倧奉書日本国大君殿下……

崇禎九年八月十一日　　朝鮮国王李倧（一〇二頁）

（日本側）日本国源家光奉復朝鮮国王殿下……

寛永十三年十二月廿七日　日本国源家光

朝鮮国王から徳川将軍への国書の宛名は、③の寛永一三年を境に大きく変化した。すなわち、「日本国王殿下」から「日本国大君殿下」への変化である。①の元和三年の二代将軍徳川秀忠に宛てた国書は「日本国王殿下」、②の寛永元年の第三代将軍徳川家光に宛てた国書も、「日本国王殿下」である。しかし、将軍から朝鮮国王に宛てた返書は、①②③いずれも「日本国源秀忠」「日本国源家光」であり、「日本国王」とは書かない。「日本国王殿下」は、あくまでも朝鮮側から将軍をさした称号だった。

日本国王から日本国大君へ

この将軍の称号の変化の背景には、柳川《やながわ》一件と呼ばれる事件があった。日本と朝鮮との外交の実務を担った対馬藩では藩主宗《そう》氏と重臣柳川氏とが対立、すなわち御家騒動がおこり、その中で国書の改竄《かいざん》・偽造の事実が明るみに出た。将軍からの返書に記されていた「日本国源家光」を、「日本国王源家光」などと、幕府に内緒で、朝鮮との関係で対馬藩にとって都合の良いように書き替えていた。将軍の対外的称号を、対馬藩は改竄・偽造していたのである。寛永一二年に、将軍家光の裁定により柳川調興《しげおき》が厳罰に処され、この柳川一件は宗家の勝利で落着した。

朝鮮国王から徳川将軍への国書の宛名は、寛永一三年以降、明暦《めいれき》元年（一六五五）の四代将軍家綱《いえつな》の時は、「日本国大君殿下」（同前一〇九頁）であり、五代将軍綱吉の時も踏襲された。つまり、寛永一三年に変更されて以降、「日本国大君殿下」が定着した。なお、将軍の朝鮮国王への返書では、「日本国源家綱」「日本国源綱吉」であり、まったく変更はない。

日本国大君から日本国王へ　ところが正徳《しょうとく》元年（一七一一）、白石の主張により、六代将軍家宣の将軍職就任を祝賀する通信使の日朝双方の国書に、ふたたび大きな変更が加えられた。

［正徳元年］六代将軍徳川家宣（『通航一覧』第三）

（朝鮮側）朝鮮国王李焞奉書日本国王殿下……

辛卯五月日　　　　朝鮮国王李焞（一一九頁）

（日本側）　日本国王源家宣奉復朝鮮国王殿下……

正徳辛卯十一月日　日本国王源家宣（一四五頁）

朝鮮国王国書の徳川将軍の称号が、「日本国大君殿下」から「日本国王殿下」に変更され、さらに、朝鮮国王への将軍返書の本文では、「日本国源某」から「日本国王源家宣」、差出も「日本国王源家宣」に変更された。つまり、朝鮮側だけでなく、日本側も「日本国王」を使用したのである。これにより、将軍の対外的呼称は自他共に「日本国王」になった。

日本国王の歴史

中世の人びとにとって、天皇が日本の「王」であることは常識だった。しかし、「日本国王」とは決して自称しない。そもそも、「日本国王」は中国の冊封《さくほう》関係に入って朝貢《ちょうこう》し、中国皇帝から任命される称号だった。例えば、「朝鮮国王」も明皇帝から任命され、琉球国王（中山王《ちゅうざんおう》）も同様だった。

古代の「倭王《わおう》」を除いて、中国皇帝から正式に「日本国王」に任じられたのは、室町幕府三代将軍足利義満である。明の皇帝から「日本国王」に任じられ、自らも皇帝に向け「日本国王」を称した。これは、当時から問題視された。また、豊臣秀吉は、朝鮮出兵の明との講和にあたり、明皇帝から「日本国王」に任じられた。しかし、秀吉はこれを拒絶し、再出兵を命じた。徳川家康は、外国向け文書では「日本国源家康」を使用し、秀忠と家光も、朝鮮側が「日本国王殿下」と書いてきても、返書では「日本国源秀忠」「日本国源家光」と自称した。寛永一三年以降は、朝鮮国王の国書は、「日本国王」から「日本国大君」へ変更したが、返書では「日本国源家光」と従来の称号を続けた。

なぜ白石は、「日本国大君」ではなく「日本国王」とすべきだと主張したのか。その理由は、徳川将軍が武家だからである。まず、なぜ「大君」はだめなのか。

両国（日本と朝鮮―著者注）が友好を結んだはじめから、朝鮮の文書には、「日本国王」と記してあった。これは、鎌倉・室町の時代から、外国人は、わが国の天子のことを「日本天皇」といい、将軍のことを「日本国王」といった例によったのである。ところが寛永のころになって、「日本国大君」と書くようにという仰せがなされたので、これがその後の例となった〔これは対馬藩主（宗義成）とその家臣との争論によることである〕。

（桑原訳一四四頁）

鎌倉・室町時代から、また江戸時代の初めも、外国人は将軍を「日本国王」と書いてきた。寛永一三年以来のやり方は、外国の使者が来日した時、あるいは日本の使者が外国に行った時などの例を十分に考慮したものとは思えない。その時々の事情でやったことなので、国家の体面（体裁）にとって適当とは言えないことも多かった、とも言う。朝鮮のみならず外国は、将軍を「日本国王」と書いてきた、という点が重要である。

日本国大君の問題点

次いで、「日本国大君」の問題点を指摘する。

大君というのは、朝鮮では、臣下に授ける職号である。その職号を称号とするように仰せつけられたことは、朝鮮の官職を受けたようなきらいがあり、また大君というのは、天子の異称であるという説が中国の書物に出ている。だから、わが国の天子のこととともまぎらわしいので、もとどおりに日本国王と記すべきであると、先方に伝えることを宗対馬守に仰せつけられた。（桑原訳一四四頁）

朝鮮で「大君」は、臣下に授ける職号なので、それを将軍の対外的称号とするのは、朝鮮の官職を受けたようで好ましくない、と批判する。白石の「五事略上」（『新井白石全集』第三、六三四〜六三五頁）によると、朝鮮では、国王の嫡子《ちやくし》を世子、嫡子以外の国王の子、すなわち庶子《しよし》を王子、王子の嫡子には「大君」、王子の庶子には「君」の号を授ける制度と、『経国大典政事撮要』などに記されているという。つまり、朝鮮では、「大君」は国王の庶子の嫡子に与えられるような号なので、わが国にとって恥という理解である。

中国の書物では、「大君」とは天子の異称であり、日本の天子、すなわち天皇とまぎらわしいと指摘する。「五事略上」には、『易経《えききょう》』に見えるのが最初で、それ以降の儒学者が「大君は天子なり」と書いているので、「日本国大君」は、日本では天子、すなわち天皇のことになってしまうと説く。「大君」は、日本では天皇の尊号を僭称し、朝鮮では国王の庶子の嫡子の号を受けたことになり、問題が大きいので「日本国王」にすべきだと主張した。

白石は、武家政権の首長である将軍は、鎌倉時代より外国から「日本国王」と呼ばれ、天皇は「日本天皇」と呼ばれている。そして、「朝廷は関係するところ、天であるから、日本天皇とお呼びし、将軍は関係するところが国であるから、日本国王とお呼びするのは、天と地とはおのずとその位置をかえることができないところがあるように」（桑原訳一四四～一四五頁）と説明している。

朝鮮側ともめたが、結局、正徳元年の朝鮮側国書は「日本国王」、日本側の返書も「日本国王」になった。「日本国王」はもっとも大きな物議をかもしたが、白石にとって、将軍は武家、日本は武家国家だから「日本国王」がもっともふさわしかったのである。

室鳩巣の解釈

白石の推挙で幕府儒者になり、朝鮮通信使問題にも深く関わった室鳩巣《むろきゅうそう》は、国王号を用いたことへの質問に答えるかたちで、日本国王号の正当性を論じている（「兼山秘策」『日本経済叢書』巻二、二七五～二七六頁）。

足利将軍以来、外国との書簡で国王と称してきたので、国王号を使用するのに遠慮はいらない。中国にならい、日本でも天皇を天子と号し、王号はそれの一等下に位置づけられている。外国には、皇帝のほかに天下の政治をつかさどる者がいる例はない。日本では政治を担う者が、皇帝、と称せない以上、国王と号するほかないという。

朝鮮国王は、国内の政治をつかさどり、中国の干渉をうけないので皇帝と称してもよい

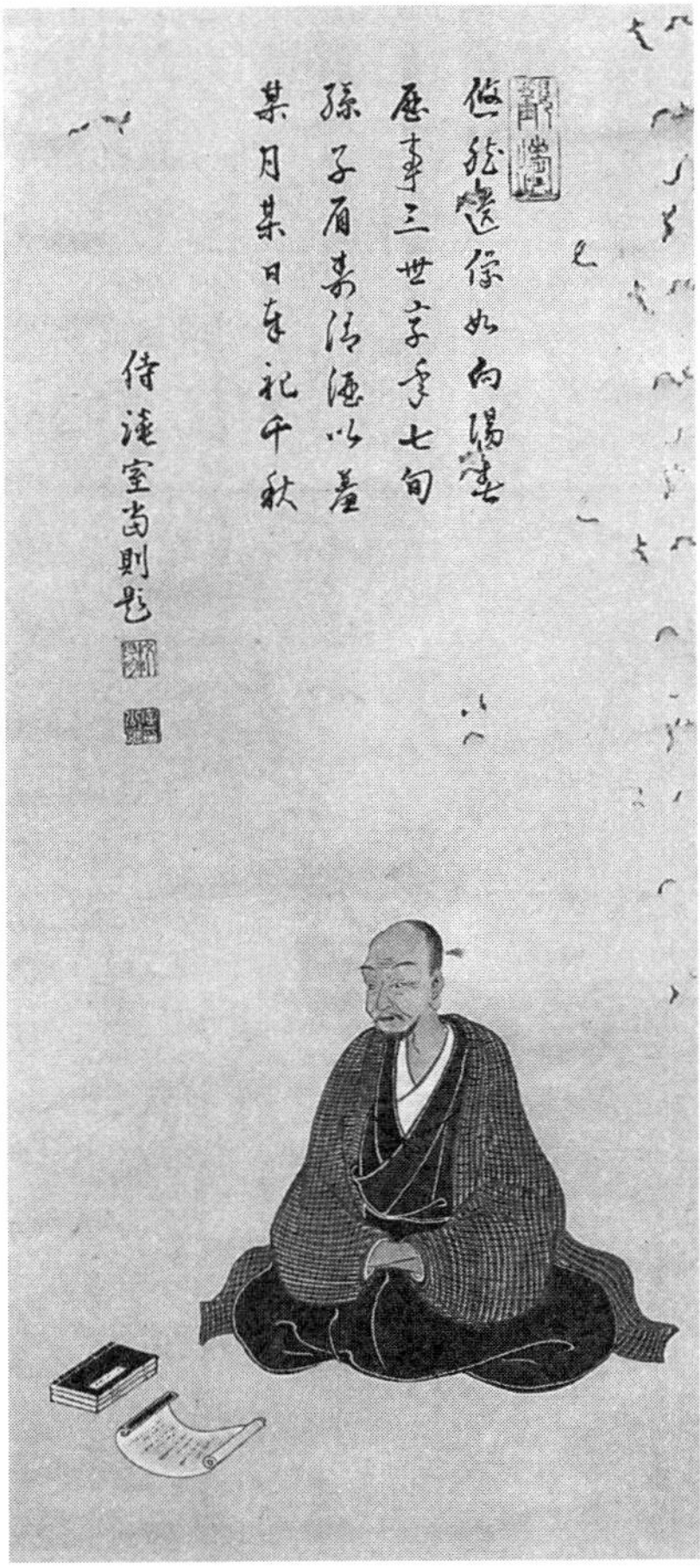

図9　室鳩巣画像（東京大学史料編纂所所蔵）

のだが、中国の「正朔《せいさく》を奉《ほう》ずる」(中国の暦を使ので、その統治に服する)ので、中国皇帝に遠慮して国王と称している。日本の武家もそれと同じことで、将軍が政治を担っているが、「正朔を奉ずる」(天皇・朝廷が造る暦を使うことで、その統治に服する)ので京都皇帝(天皇)に遠慮して日本国王と称している。天皇と将軍のような関係は外国には例がないので、国家政務に預からない君主を帝《みかど》(天皇)と称し、政務に預かる君主を王(国王)と称し、「帝王二段」(皇帝〈天皇〉―国王〈将軍〉)にしなければならない、と言う。

中国皇帝と朝鮮国王の関係、天皇と将軍の関係の類似性を使い、日本の特殊性も加味してうまく説明し、白石よりわかりやすい。

荻生徂徠と日朝関係

朝鮮通信使来日のさい、朝鮮側の使者三使の饗宴の相伴を三家が務める問題を論じる中で、徂徠は江戸時代の日朝関係について、自身の理解を述べている(『政談』一六八～一七〇頁)。

江戸時代の日本と朝鮮の外交関係、すなわち朝鮮人来聘《らいへい》は、朝廷・公家と関わりなく、もっぱら武家だけが処理している事柄である。将軍と朝鮮王を同格として儀礼を定めているが、将軍からは上使《じょうし》(将軍使者)を朝鮮に送らず、朝鮮王からだけ使者(聘使《へいし》)が日本にくるのは、「(朝鮮が)日本へ手をさげたる筋に立てたる」、すなわち朝鮮が日本に屈している理屈になる。これが、江戸時代の日朝関係の基本的性格だと言う。日本の古法では、朝鮮王と天皇を同格とはしない。天皇は皇帝であり、朝鮮王は王位だからであり、朝鮮を日本の臣とする礼法で扱ってきた。つまり、家来の扱いをしてきた。徂徠は、日朝外交は、朝廷・公家とは無関係の武家の専管事項であり、将軍と朝鮮王を同格とする外交をしてきたという理解である。朝鮮王と将軍を同格とする外交儀礼を明確にすべきで、朝廷・公家の法を持ち出すべきではないと言う。日朝外交のあり方でも、「公武各別」を明確にすべきだという議論になり、白石と徂徠にそれほどの懸隔はない。

「公武各別」と時代の風潮

元禄時代の風潮について尾藤正英氏は、「将軍綱吉の権威主義的な性格や儒学愛好にともない典礼や儀式をたっとぶ傾向が高まって、幕府では京都の朝廷を模範として儀礼の整備につとめていた、という事実は無視できない」と述べている。そして、辻善之助氏が、元禄九年（一六九六）に、前将軍家綱の十七回忌に勅使として江戸に来た公家が「凡《およ》そ夷狄《いてき》礼儀を知らず」と記し、幕府の儀礼が公家からは洗練されていないと見られたこと、幕府の側も、初期とちがって公家の軽侮《けいぶ》をまねかないようにひたすら恐れる気風になっていたと指摘したのを参照し、さらに、京都から夫人や側室が迎えられたことにより、大奥に公家文化が浸潤《しんじゅん》したことも、その風潮を促進したであろうとも指摘されている（『元禄時代』三〇一～三〇二頁）。

将軍の御台所《みだいどころ》、すなわち正妻の出自を見ると、三代将軍家光は鷹司信房《たかつかさのぶふさ》の娘、四代将軍家綱は伏見宮貞清《ふしみのみやさだきよ》の娘、五代将軍綱吉は鷹司房輔《ふさすけ》の娘、そして、六代将軍家宣は近衛《このえ》基《もと》熙《ひろ》の娘である。この宮家や摂家《せっけ》の娘には、多くの公家女性が付き添ってくる。彼女たちが大奥に入ることにより、大奥に公家風の文化が持ち込まれた。また、家宣の妻近衛熙子《ひろこ》の父近衛基熙は、和歌、有職故実《ゆうそくこじつ》などの造詣が深い当代一流の文化人だった。基熙は、間部《まなべ》詮房《あきふさ》らと親交を深め、宝永七年（一七一〇）から二年間江戸に滞在し、大奥をしばしば訪れている。白石も交流し、有職故実の面で教示をうけている。家宣の時代は四年弱と短いものの、先の風潮はさらに進んだであろう。

このような風潮の中に白石と徂徠の議論をおいて考えると、かなり特異に思われる。公家文化が幕府内部に浸潤する風潮を是としない、あるいは武家独自のものに価値を置く「公武各別」の主張が対抗しているのではないか。

「楽」を興す

家宣の能楽愛好に諫言

能楽愛好

「礼は、行いをつつしませる礼儀」「楽は、こころをやわらげる音楽」というのが礼楽《れいがく》の思想である。儒学では、社会の秩序を保ち、人心を感化する働きをする、としてもっとも尊重されてきた。「徳を積むこと百年にして礼楽は興る」というのであるから、新井白石《あらいはくせき》は「楽」も興そうとした。それは、主君である将軍徳川家宣《とくがわいえのぶ》の「能楽」（江戸時代では一般に猿楽《さるがく》と呼ばれた）愛好との戦いでもあった。

能楽は、江戸幕府、武家の式楽になった。幕府をはじめとして諸大名は能役者を抱え、儀式の式楽として興行させ、さらに、みずから能楽を嗜《たしな》む将軍、大名もいた。豊臣秀吉《とよとみひでよし》は能を好み、みずからも能を舞ったと言われる。江戸幕府では、五代将軍綱吉《つなよし》の能楽愛好は有名で、その養子で六代将軍を継いだ家宣もまた愛好したことが知られる。将軍二代の能楽愛好という状況の中、白石はそれに異を唱え「楽」を興すことを主張した。

家康の舞楽催行

白石にとって、徳川家康《いえやす》が舞楽《ぶがく》を催したことは非常に大きな意味を持っていた。白石は、その舞楽について次のように書く。慶長《けいちょう》二〇年（一六一五。七月一三日に改元し元和《げんな》元年）五月に大坂夏の陣が終わり、閏六月（白石は六月と誤記）二七日、二条城で舞楽が催され、戦功のあった武将に饗宴を賜った。白石の時代ならば、この場合は「猿楽」を興行するところだが、ずっと古い慶長二〇年に舞楽を催したことは、白石にとって思いもかけないことだった。白石は、この事実から、徳川家康は「礼楽」に関心を持っていた、と推測する（「武家官位装束考」『新井白石全集』第六、四七七頁）。

この舞楽は、「小笠原忠真年譜」によると、「大坂表ヨリ御帰陣ノ御祝儀、且ハ諸大名御旗本ノ軍功ヲ賞セラレンカ為ノ舞楽也」、つまり、大坂の陣勝利の祝勝と諸大名・旗本の戦功を讃えるためのものだった。二条城で催された舞楽への出席者は、公家は「公家衆悉《ことごとく》」とも「公卿廿人許《ばかり》」ともあり、武家は、尾張徳川、越前松平、加賀前田、伊達、越後松平、島津、毛利、森、京極、山内、浅野、藤堂、生駒、鍋島、稲葉、有馬、小笠原などの大名の名が見える。大御所徳川家康、将軍徳川秀忠《ひでただ》臨席のもと、公家衆と錚々《そうそう》たる大名たちが招かれ、二条城で舞楽が催された。

舞楽とは、雅楽《ががく》の伴奏で舞を演じることである。笛、笙《しょう》、篳篥《ひちりき》、打楽器と舞を担当したのが伶人《れいじん》（楽人《がくじん》）である。舞台を清める振桙《ふりほこ》から始まり、当日の楽曲として、万歳楽《まんざいらく》、延喜楽、陵王《りょうおう》、納蘇利《なそり》、太平楽《たいへいらく》、狛桙《こまぼこ》、散手《さんじゅ》、古徳楽、抜頭《ばとう》、還城楽《げんじょうらく》の名が見え、退出時に長慶子《ちょうけいし》が奏された（以上、『大日本史料　第十二編』二十一、四一〇～四一二頁）。

家康が、どのような意図を込めて能楽ではなく舞楽を挙行したのか不明だが、白石は、礼楽を興そうとする家康の意図があると読んだのである。

白石の「楽」論

白石の著作には、「楽対《がくたい》」（『新井白石全集』第六、一四二～一四七頁）がある。「謹対《きんたい》」、すなわち「謹んでこたえる」のであるから、将軍家宣の「楽」についての諮問に答えたものだろう。日本と中国における楽の歴史を概観している。

わが国の楽曲は、日本の楽と中国・朝鮮の楽の二つからなると理解する。神楽《かぐら》をわが国の楽の始めとし、推古《すいこ》天皇（在位五九二～六二八）以来の中国の楽の伝来と採用を見る。次いで、中国における楽の歴史を論じる。堯《ぎょう》・舜《しゅん》の時代の楽は、その後衰退の道をたどり、春秋の時代（前七七〇〜前四〇三）に崩れ、秦《しん》の始皇帝（前二五九〜前二一〇）の時代に礼楽はことごとくすたれ、北魏《ほくぎ》第六代皇帝、孝文帝《こうぶんてい》（四六七〜九九）の時に、礼楽を興そうとしたが反対論があって果たせなかった。堯・舜ら聖王の時代の礼楽はまったく失われたため、魏・晋・南北朝・唐・宋・元・明の時代には、その王朝ごとに礼楽を定めた。だから、徳川家も独自の礼楽を興すべきだという。ただし、中国王朝の楽は雅楽を用い、俗楽を用いなかった。礼楽の楽は、雅楽ということである。

雅楽と雑劇

また、堯・舜の時代は、聖賢を補佐する臣が楽を管掌し、その後は、楽官は礼官《れいかん》（奉常・太常）に属し、唐六代皇帝玄宗《げんそう》（六八五〜七六二）の開元《かいげん》（七一三〜四一）の頃、左右教房を設けて「俳優雑劇」を管掌させたが、太常《たいじょう》（礼官）には所属させなかった。宋の時代には、教房を太常に属させたが、元の時代は教房に取り扱わせた。楽は礼官が管掌し、礼官は雑劇を管掌しなかったということである。ひるがえって、わが国の制度について、次のように書いている。雅楽寮は、雅曲・正舞のほか雑楽（雅楽以外の俗楽）も属させた。なお、雅楽寮は治部《じぶ》省に属し、治部省の唐名《とうみょう》は礼部とも太常とも言う。つまり、雅楽寮は礼官なので、唐の制度と同じものだった。

注意すべきは、「俳優雑劇」を礼官に属させなかった、という点である。将軍家宣がみずから演じるほど能楽を好んだことに対して、白石が苦言を呈した理由は、能楽は中国の「雑劇」の類で、聖王たらんとする将軍家宣にふさわしくない、という点だった。

白石には、「楽考《がくこう》」（『新井白石全集』第六、五一一〜五二三頁）がある。壱越調《いちこつちょう》、平調《ひょうじょう》、般渉調《ばんしきちょう》などの律名《りつめい》（音名）に分け、約一五〇曲について、廃絶の危機にあった楽道（雅楽）を伝承した室町時代の楽人、豊原統秋《とよはらむねあき》（一四五〇〜一五二四）の説（雅楽について網羅的に記述した『体源抄《たいげんしょう》』か）などを引用しながら解説したものである。

「楽対」も「楽考」もともに短い著作であるが、白石の「楽」への関心、それはすなわち礼楽への強い思い入れを窺わせるものである。

家宣の能楽愛好を諫める

白石は、家宣がまだ甲府藩主だった元禄《げんろく》七年（一六九四）二月一三日に、『詩経《しきょう》』を初めて講義した後の対話で、次のように語ったという。

家康、秀忠、家光《いえみつ》の三代までは、上の良き風俗が下に及んで良俗だったが、今は下の悪い風俗が上に移り政治を妨げている。江戸の風俗は、男子は歌舞伎俳優の真似をし、女子は吉原の遊女を真似るあり様である。上からこれを正そうとするのは困難だが、正そうとするならば、みだらな風俗（「淫風」）を抑えるのが第一である。悲しい筋立ての歌舞伎芝居を見ると、粗野な男まで涙を流している。礼楽により教化し、風俗を改めることが大事だが、「楽」の教えが廃絶してしまったことは惜しい、と申し上げたら、家宣は、もっともなことと言ったという。これは、家宣が能楽を好むことをそれとなく戒《いまし》めたものと、説明されている（『徳川実紀』第七篇、二六七頁。「兼山秘策」『日本経済叢書』巻二、一九三〜一九四頁）。

後唐荘宗の教訓

白石は、家宣がまだ将軍綱吉の世子《せいし》（世嗣）だった宝永《ほうえい》三年（一七〇六）三月一二日に、『資治通鑑綱目《しじつがんこうもく》』の「後唐荘宗《こうとうそうそう》の紀」を講義した後、側用人間部詮房《そばようにんまなべあきふさ》を介して意見書（「封事《ふうじ》」）を提出した。家宣が能楽を愛好し、みずから舞うこともしばしばだったことに批判的で、諫言《かんげん》すらしている。意見書は不明だが、『折りたく柴の記』にその概要が記されているので紹介しておこう。

中国の伝奇・雑劇などと申すものは、つまりいまの能楽でございます。上様はこのうえなく好まれますが、いまの程度ならともかく、あの荘宗《そうそう》のことは、後の君主たる者の戒めとされるべきことだと存じます。（桑原訳一二六頁）

家宣への講義は、荘宗の治世に関するものだった。荘宗（八八五〜九二六）は、李存勗《りそんきょく》の廟号で、五代（唐と宋の間に華北に興亡した五王朝。梁→後唐→後晋→後漢→後周）後唐《こうとう》の初代皇帝である。突厥《とっけつ》（トルコ系遊牧民）沙陀《さだ》族の出身で、後梁《こうりょう》と対抗し、九二三年に唐朝復興を標榜して国号を大唐として帝位につき、後梁を滅ぼして洛陽《らくよう》に遷都した。宦官《かんがん》(後宮に仕えた去勢男子。君主の側近として重用された)や伶人(音楽を演奏する人＝楽人。雅楽の演奏者)を側近にして信任し、有力宿将らを遠ざけたため国内の政治は混乱し、一族が離反する中、近臣の謀叛により暗殺された。

白石は、宦官や伶人を重用した結果、国政を混乱させ、離反、謀叛を引きおこした荘宗の事跡から、政治上の教訓を説いた。荘宗は、みずから粉墨をつけて俳優と庭で戯れたという。白石は、中国の雑劇(中国の古典的歌舞演劇)は日本の能楽と同じと理解し、能楽を好み、みずから舞う家宣に、荘宗の教訓を示して諫言したのである。世嗣のうちはともかく、荘宗のことは、後に将軍になる者の教訓にすべきだ、というのである。

白石と家宣の応酬

家宣は、白石の諫言に納得できず、「いまの能楽が中国の雑戯と同じであるところ」(桑原訳一二六頁)を質問している。白石は、宝永三年三月一六日にその理由を書き、質問への回答を差し上げたという。さらに家宣は、中国の雑劇のことを書いたものがあるのかと問い、白石は、日本に渡ってきたものもあります、と答えると、家宣はそれを差し出しなさいと命じ、白石は九月六日に、『元曲選《げんきよくせん》』(明代の蔵晋叔《ぞうしんしゆく》が編んだ、元代の代表的な雑劇選集)五六巻を、小性(小姓)の村上正直《むらかみまさなお》(一六八一～一七四五）を介して差し出した。能楽についてのやり取りを見ると、家宣は白石の諫言に納得できなかったらしい。

「文昭院殿御実紀附録」（『徳川実紀』第七篇、二六八頁）には、家宣はこの件で「ことの外《ほか》御《お》気色《けしき》損じけるが、日数へて、君美（白石）申すところもっとものよし仰せられ」というエピソードを収録しているように、家宣は機嫌を損ねたが、数日後に白石が言うことはもっともだと述べたという。

また、「園池を好ませられし時、君美が諫め奉りしに、是もそのときは御けしきあしかりしが、やがて直らせ給いけり」というエピソードも収めている。園池とは、浜御殿（現浜離宮恩賜公園）のことである。浜御殿は、家宣の父で甲府藩主綱重《つなしげ》が、下屋敷・別邸として造営し、家宣があとを継ぎ大改修して浜御殿と称した。内部に海水を引き込んで大池を作り、中島を構えて大橋でつないで茶屋などを配した。家宣は、しばしばこの泉水に舟を浮かべ、御囃《おはやし》を楽しんでいる。

図10　徳川家宣画像（徳川記念財団所蔵）

これにも白石が苦言を呈したので家宣は機嫌を損ねたが、しばらくして機嫌を直したという。しかし、白石の諫言をよろこんで受け入れた（「嘉納《かのう》」）ものの、やめなかったと書かれている（『徳川実紀』第七篇、二六八頁）。

白石は、家宣が将軍職についたあとも「能楽をごらんになったこと」を聞いたが、白石がその場に招待されることはなかった、と書いている（桑原訳二二七頁）。家宣は、頻繁に能楽を催し、みずからしばしば舞っていた。たしかにそこに白石の姿はない。これは、白石と家宣の関係は「一体分身」（桑原訳一五〇頁）とも家宣は評しているが、能楽に関しては相容れない関係だった。将軍にも激しく諫言する白石の姿は、武士白石の本領だろう。

家康も能を舞うとの説

家宣の能楽愛好に対する白石の批判には、反対の考え方もあった（以下、桑原訳二二七〜二二八頁）。家宣の小性、村上正直が、大学頭《だいがくのかみ》林信篤《はやしのぶあつ》（鳳《ほう》岡《こう》）ら編『武徳大成記《ぶとくたいせいき》』（本書一三頁参照）から、家康は豊臣秀吉の前で、秀忠は家康の前で能を舞った記事を抜き出し、だから家宣がみずから能を舞うことに何の問題もないと、家宣の能楽愛好を正当化した。

村上正直は、家宣が甲府藩主（桜田御殿に居住）の時から小性として仕え、宝永元年に家宣が世嗣になった時、俸禄二五〇俵の幕臣になった。翌宝永二年に二〇〇俵を加増され、同年に従五位下、市正《いちのかみ》になった。宝永五年に三〇〇石、宝永七年に五〇〇石、正徳《しょうとく》五年（一七一五）に三〇〇石加増され、合計一五五〇石の上級旗本になっている。家宣の信任を得て立身した人物である。村上も、例えば宝永六年四月一日の御座間御舞台で、「放下《ほうか》僧《そう》」を舞っている（『間部日記』）。もと能役者だった可能性が高い。

白石の反論

白石はこれに強く反論した。秀吉の時代のことは、秀吉が家康を愚弄し世間に誇るための無礼だから論外であり、秀忠は、父家康を慰めようとしたものである。家康や秀忠の頃に、現在のように明け暮れ能楽ばかりしていたとも、将軍に就任後にも能を舞っていたとも書いてあるのか、よくよく調べてから見せて欲しい、と村上正直に問い返した。白石は、この厳しい反論こそ、家宣から能楽に招待されなかった理由と推測している。

とくに家康の件を問題にする。孔子が魯国《ろ》（?～前二四九。中国周代の侯国の一つで、孔子の出身地）の記録に基づいて『春秋』（五経の一つ。前七二二～前四八一の歴史）を編集するさい、書くべきではないことは削除したことを指摘したうえ、君主のおこないは故事にもなると申し伝えられているのだから、歴史書を編む者はその心得がなくてはいけない、という。そして、秀吉の前で家康が能を舞ったことを後代に伝えて、それがどうして国家の美事になるのだろうかと、『武徳大成記』とその編者に疑問を投げかける。これは、大学頭林信篤への批判でもある。

徳川三代の能愛好

家康、秀忠、家光の三代が能を愛好し、奨励したことは明らかであり、能楽は、江戸幕府と武士身分の式楽《しきがく》になった。家康は、元亀《げんき》二年（一五七二）に、浜松城で観世太夫父子にまじって能を舞ったことが『当代記《とうだいき》』（織豊期から江戸時代初期の記録）に見える。家康が秀吉の前で舞ったのは、文禄《ぶんろく》二年（一五九三）一〇月、京都御所紫宸殿《ししんでん》前で三日にわたって催された能興行（「禁中能《きんちゅうのう》」）のことだろう。これは、白石が言うように、豊臣秀吉にさからわないことを示すための、家康にとって「屈辱」でもあった。なお、秀忠もこの能興行で小鼓《こつづみ》を打っている。家康は、自身が舞うことにそれほど熱心ではなく、見るのは好きだったと評されている。また、秀忠も、太平の時代に武士が楽しむにふさわしい芸能として能楽を奨励し、家光も能楽に好意的だった。

綱吉の「能狂」

綱吉は、「豊臣秀吉以上の稀代の能狂」と評される。自身が舞うことに熱中し、人に見せるのを極度に好んだとも言われる（以上、表章「能楽史概説」）。綱吉の「能狂」について、『徳川実紀』（第六篇、七五一〜七五二頁）は次のように書いている。

当代御好文の事はいふもさらなり。常の御遊には殊更申楽《ことさらさるがく》を好ませ給《たま》ひ、常に御みづから人に先だちて御所作《ごしょさ》ありければ、（中略）当代既に文学を振起《しんき》し給ひて、旧染の陋習《ろうしゅう》を一変せられ、なをも人心の偏滞《へんたい》して、その正しきを得ざるをもて、世の人心を和暢《わちょう》ならしめんために、かく衆に先だちて、かゝる事をもて平常の御わざとなし給ひしは、礼楽をもて天下を風紀《ふうき》するの遺意《いい》にもとづかせたまひしにや。

綱吉が「能狂」とも評されるほど能を愛好した理由について、人心をなごやかでのびのびさせるのが目的で、礼楽により社会の秩序を保ち、人心を和らげることを意図したからと推測する。綱吉にとって、能楽は礼楽の「楽」だという。儒学に傾倒した綱吉なので、あり得る推測である。

『徳川実紀』の編者は、能楽は綱吉にとって礼楽だと言い、白石は雑劇であり礼楽たり得ないし、まして、将軍みずからが舞うのは論外だと主張した。能楽が雅楽か俗楽かと言えば、それは俗楽との認識が儒学者の通説だろう。能楽が武家の式楽になっていることは、白石ら儒学者にとって不本意だったのではないか。だから白石は、雅楽を伴う舞踊である舞楽が、家康の時代に催されたことに注目した。器楽の演奏だけの管弦《かんげん》とは異なり、舞が伴う舞楽は、囃子《はやし》に合わせて謡《うたい》をうたいながら演じる歌舞劇の能楽に通じるところもある。能楽を愛好した家康が、慶長二〇年に舞楽を催した背景には、そのような面もあったかもしれない。

荻生徂徠の能楽意見

荻生徂徠《おぎゅうそらい》も能楽への疑問を書いている（『政談《せいだん》』二六五～二六七頁）。能楽は、非常に費用がかかるが、武家の式楽になっているので、ほかに代わりがなければ止めようがない、室町幕府には「御笙始《しょう》め」があり、初めは雅楽を用いようとした。能楽が式楽になったのは、八代将軍足利義政《あしかがよしまさ》（在職一四四九～七三）からである。なお、三代将軍足利義満《よしみつ》が世阿弥《ぜあみ》父子を讃え、世に名声をはくした。室町幕府の衰退が始まった義政の代から武家の式楽となった能楽を、徳川家までが式楽のように用いているのはいかがなものか、と疑問を投げかける。式楽としての能楽は、徳川家にとって縁起の良いものではない、という意味らしい。次いで、能楽に代わるものを提案している。

能楽に替えて「楽」を用いると、舞楽にかかる費用は莫大だし、そのうえ「楽」は、謡物《うたいもの》（雅楽の声楽曲）が絶えたので人の情から離れている。そこで考えられるのは、後鳥《ごと》羽《ば》天皇（在位一一八三～九八）の作った「宴曲《えんきょく》」である。宴曲は、中世歌謡の一つで、早《そう》歌《か》とも呼ばれる。音楽的には能楽の謡に類似していると言われ、鎌倉時代中期に成立し、室町時代を通しておもに武士層の宴席に用いられたという。徂徠は、宴曲を取り立て、「楽」を付き物にして舞をつけ、装束は狩衣《かりぎぬ》か直垂《ひたたれ》を用いれば能楽の代わりになり、かつ出費も少なく文物も整って良いのではないか、と提案する。ただ、ほかの制度が整い、世の中が豊かに落ちついてからすべきことで、急ぐ必要はないとも言う。

能楽は徳川家の式楽としてふさわしくない、という主張は白石と同じであるが、それに代わるものとして徂徠は宴曲（早歌）を提案している。

家宣と能楽

『間部日記』に見る実態

「あけくれ」能ばかりやっていると、白石が諫言したほどの家宣の能楽愛好（耽溺《たんでき》）の実態を見てみよう。九八・九九頁の表1は、側用人間部詮房の日記『間部日記』に記されている、御座間《ござのま》御舞台や御敷舞台間《おしきぶたいのま》で開かれた能、および御休息間《ごきゅうそくのま》でおこなわれた御囃子《おはやし》の月別の回数である。

回数で見ると、宝永六年（一七〇九）は九か月で能が四八回と御囃子が一三回、能は月平均五・三回になる。なお、将軍職をついだが、本丸の御座間などの改装が終わるまで西丸にとどまり、儀式などの時に本丸に行き、終わると西丸に戻る暮らしだった。そのため、宝永六年一〇月までは西丸の御座間御舞台での能である。宝永七年は六か月で能が三八回と御囃子が七回、能は月平均四・七回、宝永八年（正徳元年）は一二か月で能が六三回と御囃子が二七回、能は月平均六・三回、正徳二年は六か月で能が三一回と御囃が一九回、能は月平均五・二回になる。ならすと、能は月に五、六回は催し、御囃子は月に二回程度になる。

『御内証御能組』に見る実態

伊達家文庫蔵『御内証御能組』を検討した表章氏の研究によると、将軍になる前年、宝永五年の西丸での能は七四回、御囃子は五〇回、家宣自身の演能は一二三番（七四曲）に及び、将軍に就任した宝永六年は、家宣の演能は四六番に減ったが、翌七年には、一一〇番以上になったという（前掲「能楽史概説」一一九頁）。

ちなみに、能や御囃子の回数を、宝永六年の九か月間におこなわれた儒者による講釈と比較すると、林大学頭信篤の『論語』講釈が四回、新井白石の『通鑑綱目』講釈が二回、林百助の『孟子』講釈が三回、林七三郎の『中庸』講釈が二回、あわせて一一回にすぎない。能と御囃子の回数がいかに多いかは歴然である。

「御座間御舞台」能の例

宝永六年四月七日の「御座間御舞台」（西丸）における能の場合を紹介しよう（『間部日記』）。

家宣が、西丸において老中や諸役人らと面談する時に使う御座間に続く舞台で能があった。午前一一時頃から始まり、四番が過ぎて中入り、終わったのは午後六時過ぎだった。つまり、中入りをはさんで延べ七時間に及んだ。

	月	御座間舞台	御敷舞台間	御囃子
宝永8年（正徳元年）	1月		4回	2回
	2月	3回	3回	1回
	3月	6回		1回
	4月	5回		1回
	5月	6回		2回
	6月	2回		3回
	7月	5回		5回
	8月	7回		5回
	9月	6回		3回
	10月	5回	1回	2回
	11月		4回	1回
	12月		6回	1回
正徳2年	4月	6回		1回
	5月	5回		2回
	6月	4回		3回
	7月	5回		7回
	8月	8回		5回
	9月	3回		1回

（注）　正徳2年1～3月は『間部日記』欠.
家宣10月11日死去.

表1　能・御囃子の月別実施回数

	月	御座間舞台	御敷舞台間	御囃子
宝永6年	4月	4回		6回
	5月	5回		
	6月	5回		3回
	7月	7回		
	8月	9回		2回
	9月	6回		1回
	10月	4回		
	11月	2回	3回	1回
	12月		3回	
宝永7年	1月		4回	3回
	2月	1回	8回	
	3月	3回	4回	1回
	10月	3回	2回	
	11月	3回	4回	1回
	12月		6回	2回

（注）　宝永6年10月までは西丸，11月から本丸で実施．
宝永7年4～9月は『間部日記』欠．

この日の能組（能の上演番組。プログラム）は、次の通りだった。

賀茂　牧野兵庫（忠列、小性）
八嶌　中條《ちゆうじよう》丹波守（直景《なおかげ》、桐《きりの》間《ま》番頭《ばんがしら》）
東北　上（家宣）
舟弁慶　間部越前守（詮房、側用人）

是堺　上（家宣）
自然居士　曲淵《まがりぶち》下野守（景衡《かげひら》、小性）
野守　間部越前守
小鍛冶　植木友之丞（小納戸並《こなんどなみ》）

狂言
今参　野本文左衛門（虎仙《とらのり》、土圭間番《とけいのまばん》）
びくさだ　平野弥一郎（幸利《たかとし》、土圭間番）
猿座頭　近藤六左衛門
くじ罪人　平野弥一郎

「能狂」家宣

将軍家宣は、みずから一、二曲を舞うことが多い。『間部日記』に見える家宣が舞った曲名は、東北《とうぼく》、是界《ぜかい》、忠度《ただのり》、桜川《さくらがわ》、江口《えぐち》、橋弁慶《はしべんけい》、竜田《たつた》、頼政《よりまさ》、三輪《みわ》、安宅《あたか》、八島《やしま》、半蔀《はじとみ》、雨月《うげつ》、井筒《いづつ》、邯鄲《かんたん》、野宮《ののみや》、梅枝《うめがえ》、草紙洗《そうしあらい》、葵上《あおいのうえ》、湯《ゆ》谷《や》松風、鵜飼、実盛《さねもり》、放下僧《ほうかそう》、柏崎、雷電、定家《ていか》、野守《のもり》、高砂《たかさご》、羽衣、氷室、采女、春日龍神、楊貴妃、国栖、巻絹《まきぎぬ》、殺生石《せっしょうせき》、女郎花《おみなえし》、富士太鼓、芭蕉、融《とおる》、誓願寺、舟弁慶、黒塚、小督《こごう》、項羽、小鍛冶、百万《ひゃくまん》、天鼓《てんこ》、鞍馬天狗、西行桜、藤戸《ふじと》、阿漕《あこぎ》、自然居士《じねんこじ》、鉄輪、夕顔、熊坂、白楽天、兼平、和布刈《めかり》、小塩、葛城、通盛《みちもり》、杜若《かきつばた》、烏頭《うとう》、田村、三井寺、芦刈《あしかり》、玉かずらなど、七〇曲に近い。

なお、前掲の表氏の研究によると、判明する範囲で家宣の演能は五〇〇番（一〇五曲）を越え、一〇回以上演じた曲目は一四曲で、その芸は綱吉を凌駕するものだったという。能の技量からすると、家宣は綱吉を超える「能狂」と言える。

舞う人びと

家宣とともに舞う人びとには、側用人間部詮房とその一族がいる。詮房の弟で小納戸の間部詮貞《あきさだ》、弟で養子の小性の間部詮言《あきこと》、詮貞の子で小性の間部詮之《あきゆき》、同じく詮貞の子で小性の詮衡《あきひら》の回数が多い。この他、小性の牧野忠列、同曲淵景衡、同村上正直、中條景房、桐間番頭の沼間広隆《ぬまひろたか》、桐間番頭格の中條直景、同藤本稠賀、側衆《そばしゅう》の松平勝以《まつだいらかつゆき》らの名が見え、すべて家宣側近の者たちだった。

このうち間部詮房は、もと三世喜多七大夫宗能《きたしちたゆうむねよし》（綱吉の指南役）の弟子である。中條直景は、綱吉の代に宗能が廊下番《ろうかばん》となったさいに改名した同一人物である。家宣の代では桐間番頭格で、知行九〇〇石の旗本になった。

狂言の方を見ると、平野弥一郎幸利、野本文左衛門虎仙、大林与兵衛親倫、嶋村長兵衛好高《よしたか》、内方甚九郎高珍《だかよし》、吉田喜太郎信好《のぶよし》らの名が見え、ともに土圭間番である。このうち、吉田喜太郎は、もと大蔵を称した「猿楽の者」であり、野本文左衛門虎仙は、「虎」の字を用いているので、これも大蔵の流れをくむ者だろう。

土圭間番

宝永八年正月三日には、休息間での御囃子のあと、拝領物として縮緬《ちりめん》二巻が土圭間番九四人に、正徳元年一〇月二五日には、休息間での御囃子のあと、御敷舞台と、のしめ一端と栖島一疋ずつが、土圭間番四八人に、同年一二月二三日には、土圭間番と間での能のあと、御楽屋で時服一ずつが、土圭間番一〇八人に下されている。土圭間番は、綱吉の代に能役者を召し抱え廊下番に登用したが、家宣の代にその廊下番を廃止し土圭間番に吸収したものである。家宣が能、御囃子などを催すのを支えた人びとである。

正徳二年一〇月一四日、家宣が亡くなり、翌三年五月一四日に、土圭間番五〇人は、御用がなくなったという理由（家宣は死去、新将軍家継《いえつぐ》は幼少）で小普請《こぶしん》入りを命じられた。この五〇人のうち、相原可碩（常郷）と坪田翫碩（重勝）は囲碁、有浦印理（政春）と宮本印佐（政春）は将棋の技量により召し抱えられた。綱吉の代には御廊下番や次番《つぎばん》（いずれも家宣の代に廃止）に抱えられ、家宣の代に土圭間番に移り、家宣の代に新規に召し抱えられた者も土圭間番になっている。

『寛政重修諸家譜《かんせいちょうしゅうしょかふ》』の姓のところに、「もと猿楽のもの」「猿楽の技をもってつかえ」

などと記述される者も多い。中には、梅若・大蔵・宝生・金春某の弟子などと書かれている者もいる。「猿楽」役者出身で、それにより仕えた者が多かったのである。しかも、御《お》目見《めみえ》以上の格式、すなわちいわゆる旗本として召し抱えられた能役者たちだった。

なお、土圭間番は、正徳六年四月二〇日に家継が亡くなると、半月後の享保《きようほう》元年（一七一六）五月一六日、その役職自体が廃止になり、残っていた三一人は小普請入りになった。また、桐間番は、土圭間番の縮小が命じられた同日の正徳三年五月一四日に、桐間番頭五人、桐間番組頭八人、同組頭格二人、桐間番七〇人に廃止が命じられた。

家宣が亡くなり、能や御囃子の御用がなくなり、桐間番は廃止、土圭間番は縮小の措置がとられ、家継の死去、吉宗《よしむね》将軍就任とともにすべて廃止された。綱吉以来召し抱えられた者には「役者ごとき者」が多く、実子相続の場合は役職を与え、養子相続を願った者は不許可となり家は断絶させられた（「兼山秘策」『日本経済叢書』巻二、三〇一頁ほか）。

能舞台の間

家宣が能楽を催した舞台は、西丸時代は御座間御舞台とあるので、御座間近くに能舞台があったのだろう。本丸に移ると、御座間御舞台と御敷舞台の二か所になる。家宣時代の「奥」の図（深井雅海『江戸城御殿の構造と儀礼の研究』一〇五頁、図28）は、図が粗いためか、二か所の舞台はいずれも確認できない。綱吉時代の

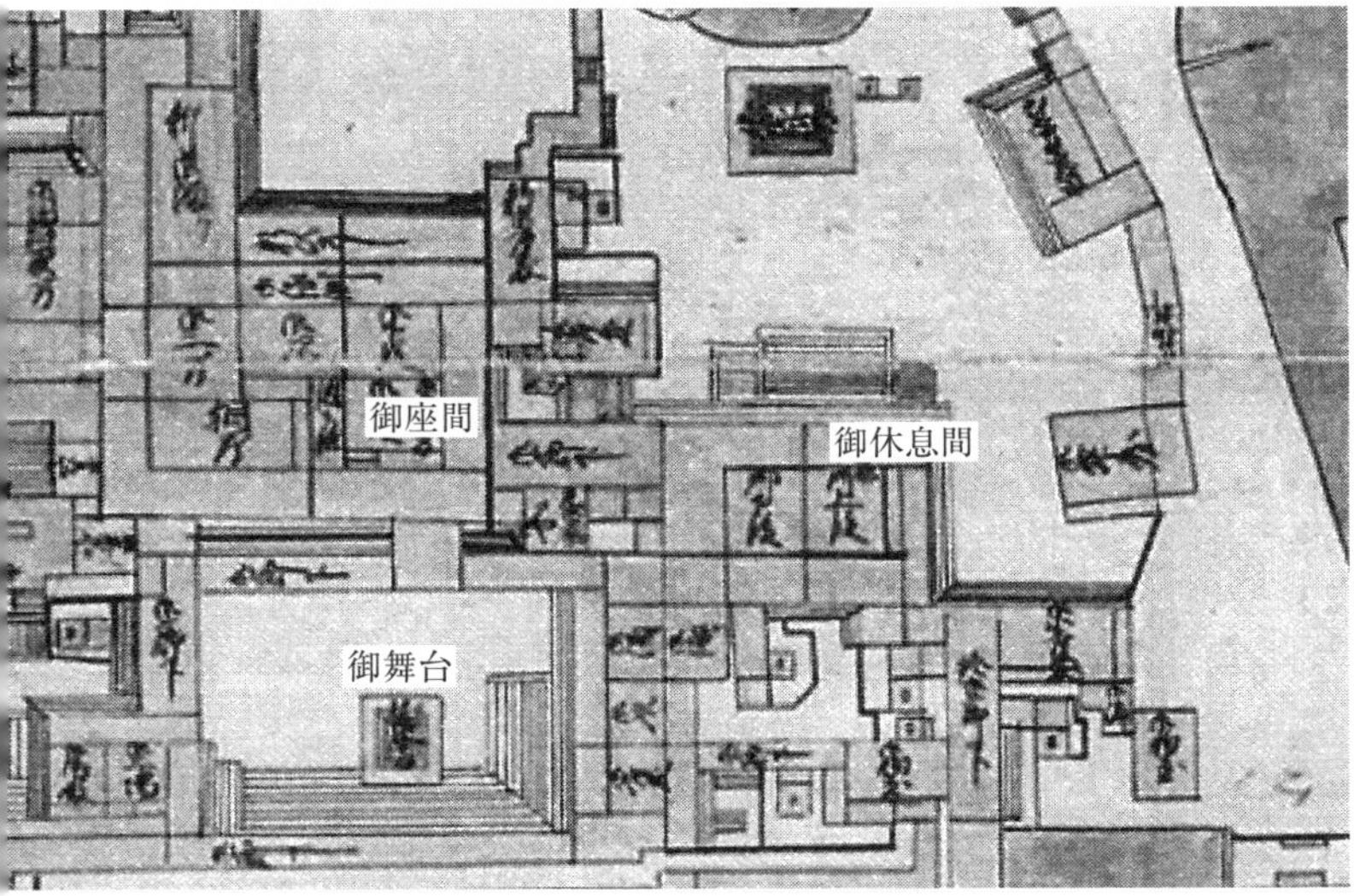

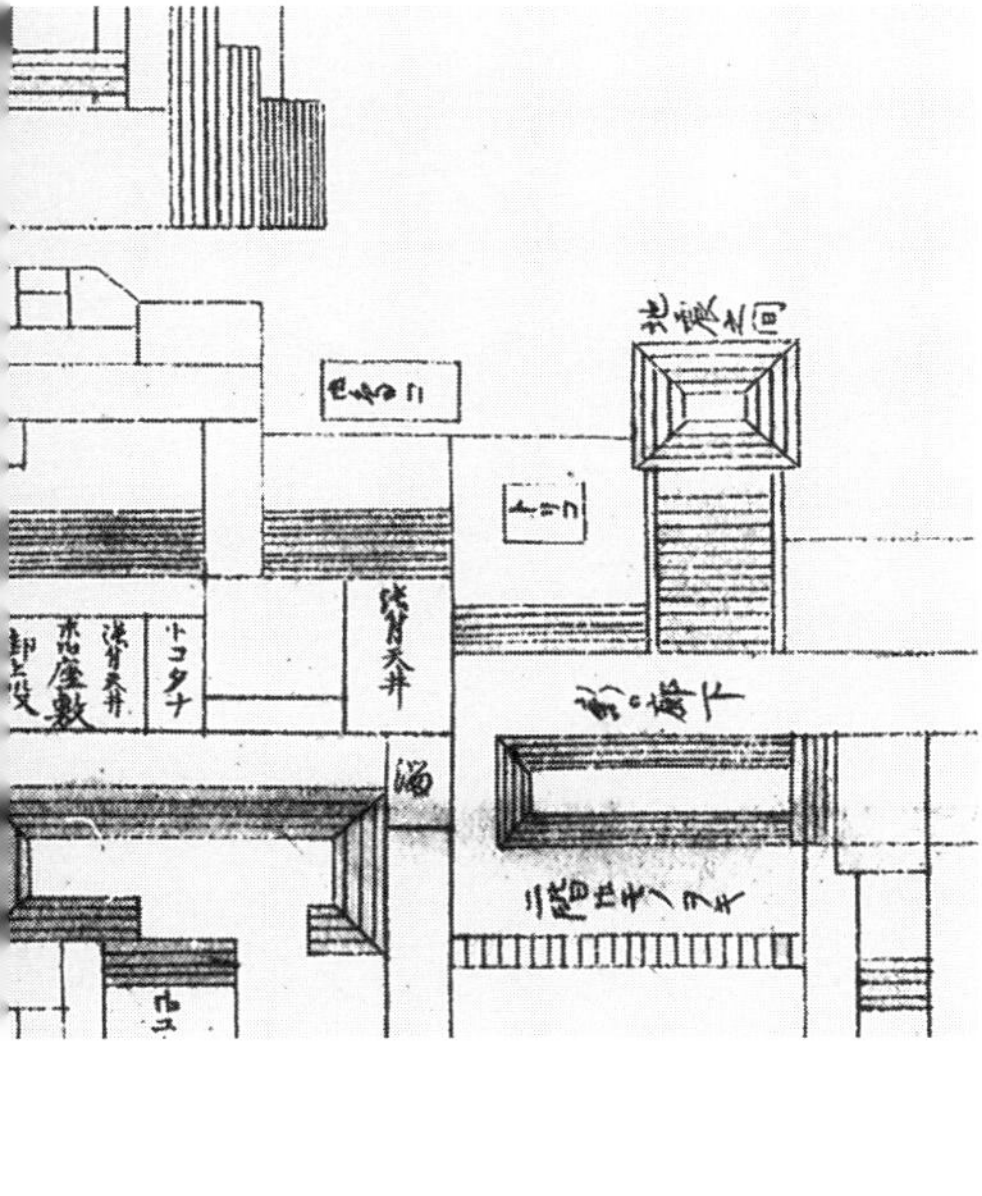

図12　家継時代の能舞台
（「江戸御城殿中図」より，
徳川林制史研究所所蔵）

図11　綱吉時代の能舞台
（「江戸城御本丸御表御中奥御大奥総絵図」より，東京都立中央図書館特別文庫室所蔵）

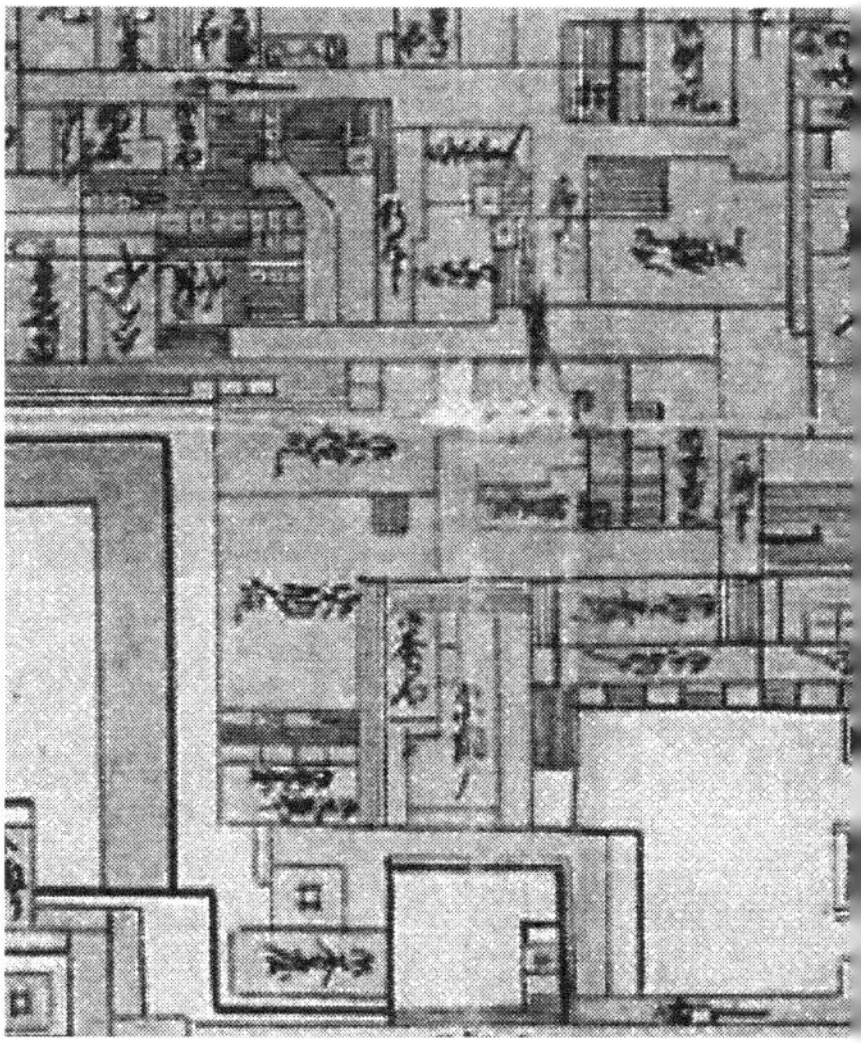

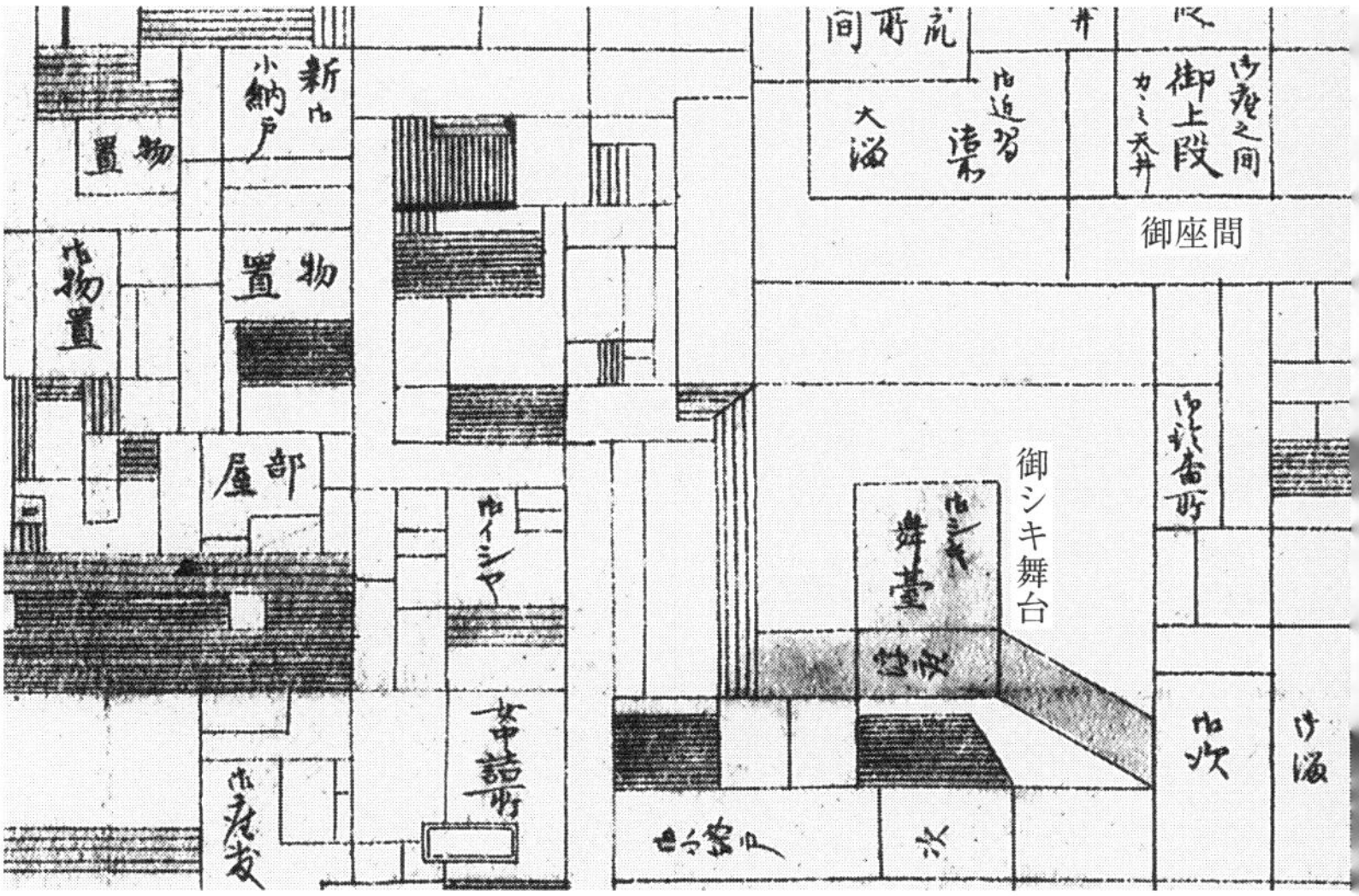

「奥」の図（同一〇〇〜一〇一頁、図26）によると、御座間から御休息間を経て、その先に「御舞台」が見える（図11）。これが御座間御舞台だろう。家継時代の「奥」の図（同一〇六〜一〇七頁、図29）には、御座間の下の方角に「御シキ（敷）舞台」が見える（図12）。

二か所の舞台の使い分けは、よくわからない。しかし、正徳二年七月二七日に、御座間御舞台で四時《よつどき》（午前一〇時頃）から始まった能は、「風雨につき四番目御能より御敷舞台の間にてこれある」（『間部日記』）というので、御座間御舞台は風雨になるとできない構造らしく、御敷舞台間は天候と関係なく催せる舞台をしつらえた部屋らしい。

家宣らの能の見物人には、時々ではあるが、拝見を許された老中や若年寄、御三家や前田家、御留守居衆などがいる。日光准后が日光へ行ったり（登山）戻ったりしたさいに登城すると、能で饗応している。綱吉のように、大名家や重臣屋敷へ御成《おなり》して能を催すことは確認できないので、見せたがることはなかったようである。

家宣と雅楽

舞楽上覧

宝永七年（一七一〇）一〇月二一日、江戸城中で舞楽が催された。この日、江戸城本丸の白書院《しろしょいん》の庭に舞台を設け、将軍家宣は、白書院納戸構《なんどかま》いから出て帝鑑間《ていかんのま》の屛風で囲った上覧席に、御簾《みす》を垂らして座った。そのかたわらに、側衆と桐間番頭らが並んだ。見物を許されたのは、老中・若年寄、溜詰《たまりづめ》、高家衆《こうけしゅう》、詰衆《つめしゅう》、奏者番衆《しゃばんしゅう》、芙蓉間《ふようのま》役人は全員、老中・京都所司代《しょしだい》・大坂城代《じょうだい》の嫡子、布衣《ほい》以上でこの日殿中に詰めていた役人たちで、装束は麻上下《かみしも》着用と規定されている。それに、御台所《みだいどころ》をはじめとする大奥の女性も見物した。

当日の舞楽番付によると、舞台を清める振鉾《ふりほこ》から始まり、唐楽《とうがく》（中国、インド、西域などの楽舞が唐を通じて伝来したもの）を伴奏とする左方《さほう》（左舞《さまい》）と、高麗楽《こまがく》（朝鮮渤海《ぼっかい》国の楽舞が朝鮮＝高麗《こうらい》を通じて伝来したもの）を伴奏とする右方《うほう》（右舞《うまい》）が交互に舞われた。左方と右方の差異は、楽器の編成の違いとそれによる舞の違いという。舞台を中央にして、向かって右側が右方、右側に右方の楽屋が設けられた。

左方が、賀殿、迦陵頻《かりょうびん》、太平楽、打毬楽《だきゅうらく》、喜春楽《きしゅんらく》、右方が、地久、胡蝶《こちょう》、八仙、狛鉾の順で舞い、中入り（休憩）になった。次いで、左方が、安摩《あま》、抜頭、北庭楽、陵王、右方が、胡徳楽《ことくらく》、還城楽、新靺鞨《まっかつ》、納曾利の順に舞い、将軍以下参会者の退出のさいには長慶子が奏された。将軍は四時（午前一〇時頃）に恒例の老中御目見をしてから、上覧席に向かっているので、舞楽はその後から始まり、七時《ななつどき》（午後四時頃）に終わった。中入りを挟んで約六時間に及んだ（舞楽については、田辺尚雄「舞楽について」『日本音楽叢書一 雅楽』第二章による）。

白石出席できず

慶長二〇年（一六一五）閏六月二七日に二条城でおこなわれた舞楽では、楽曲はあわせて万歳楽以下一〇曲だったのに対して、宝永七年には一七曲と、慶長より規模が大きい。この江戸城における舞楽は、白石が主張する礼楽と関わるのかよくわからないが、家宣が、能楽だけではなく、舞楽、雅楽への関心を持っていたことに注目すべきか。なお、白石はこの時、中御門《なかみかど》天皇（在位一七〇九～三五）の即位礼拝観のため京都への途上にあり（一〇月二四日に京都着。『新井白石日記』下、一二六頁）、舞楽についての感想などを知ることができないのは残念である。

吉宗の雅楽への関心

八代将軍吉宗は、綱吉、家宣時代のやや特異な能楽耽溺がもたらした弊害を除く一方、雅楽への関心が強く、荻生徂徠の琴《きん》研究も相まって、享保二〇年（一七三五）に琴楽《きんがく》再興を朝廷に要請するに至った。琴とは、中国伝来の七絃琴《しちげんきん》のことで、君子《くんし》が嗜むべきものとされた。この琴を雅楽の合奏に加える形式で、琴楽の再興を求めたのである。吉宗は雅楽へ強い関心を持ち、その子、田安宗武《たやすむねたけ》は礼楽思想などを背景に雅楽、舞楽復興に取り組んだという（以上、山田淳平『近世の楽人集団と雅楽文化』第二部第二章・第三部第一章）。礼楽思想に基づく舞楽や管弦など雅楽への白石の関心、また、宝永七年の江戸城中における舞楽興行は、吉宗、田安宗武へと引き継がれたとも言える。

白石が目指した礼楽の楽は雅楽とはいえ、公家たちの雅楽と同じなのかはわからない。「公武各別」を強調し、武家らしい礼、秩序を主張した白石が、公家の雅楽そのものを念頭においていたとも速断できない。「楽対」の中で、中国では堯・舜ら聖王の時代の礼楽はまったく失われた後、魏・晋・南北朝・唐・宋・元・明の時代には、その王朝ごとの礼楽を定めた、と論じていた。この議論の延長から、徳川家・江戸幕府も独自の礼楽を定めるべきだ、という結論に至るのは当然と思われる。

白石が中御門天皇の即位礼の拝観に京都へおもむいたのは、その儀礼、儀式をじかに見ることによって、将軍の就任儀礼、儀式を整えることが目的だった。天皇の即位と将軍の就任儀礼は同じではないものの、参考、あるいは手本にしようとしたのではないか。

天皇（公）と将軍（武）の関係

武家政権の優越性

白石の歴史理解

新井白石《あらいはくせき》がなぜ武士、武人の優越性・優位性を強く語るのか、そして、武家政権の正当性を支えるものは何か。それは、白石の歴史理解にあるので、まずそこから探る必要がある。白石の武士の優位性と武家政権の正当性の主張をよく示すのが、『読史余論《とくしよろん》』の次の文章である。

中世以来、世が乱れたとき、節に臨んで義を重んじ、力をつくして生命をなげうったのは、ただ武士のみであった。世の中がすこしでも平穏になると尊位厚禄にあぐらをかき、武士をまるで奴婢《ぬひ》や雑人《ぞうにん》のようにしか思わず、世間が乱れたときにはこそこそするばかりで、一人として身を投げ出して忠功を励む者もいなかったのは、公家と僧徒だけ。まことに国家の害毒というのは、こういう連中のことをいうのであろう。だから、天道《てんどう》は、天に代わって功を立てる人に報いるのが道理ゆえ、その後に武家が世を治めたのも、理由のあることだと考える。

（横井訳二二四頁）

中世以来、乱世になった時、平和の回復のために節操を守り、生命を惜しまず働いたのは武士だけだ。世の中が平穏になると、高位と厚禄を得ている連中は、武人を召使や下賤の者のように見下すくせに、世の中が乱れると、頭をかかえ鼠のようにこそこそ逃げ隠れし、自身を励まし忠を尽くそうする者がいないのは、公家と僧侶だけだ。国を損なう害虫とは、こういう連中のことを言うのだ。天道は、天に代わって功を立てる人にむくいるのが道理なので、後に武家が世を治めたのは、理由のあることだと思う、と白石は言う。

公家や僧侶に欠けている、平和のために身命を賭して戦う武人の優れた性質ゆえ、天皇・公家に代わって天下の政治をとることになった、と考えている。白石は、日本の歴史の中にそれを発見してゆく、

白石の歴史研究

白石の学問は朱子学《しゅしがく》だが、その学問的活動は、言語学、歴史学、地理学など多方面にわたるとともに、森羅万象に知的関心をよせた。それは、仏文学者で評論家の桑原武夫氏が、「日本の百科全書家」（『新井白石』日本の名著一

五）と白石を評したほどである。散文作家としては、簡潔にして明快なその名文に高い評価を与えられ、評論家の加藤周一氏は、「西鶴とならび称することができる」（「新井白石の世界」『日本思想大系三五　新井白石』）と讃えた。また、桑原氏は白石の自叙伝『折りたく柴の記』を「徳川期の散文芸術作品の最高傑作の一つ」とまで評した（前出）。

白石の歴史研究の代表作は、古代史研究の『古史通《こしつう》』『古史通或問《わくもん》』、そして、武家政権成立史研究の『読史余論』である。白石の歴史研究の神髄は、「史は実に拠《よっ》て事を記して世の鑑戒《かんかい》を示すものなり」（『古史通』読法凡例）にある。研究方法は、各種史料を渉猟し、それにより得た歴史的事実を尊重する実証主義的な研究法である。それにより、「神は人也」と喝破し、日本古代国家成立史を神話の世界から解き放ち、人間の歴史として描いた。また、白石の歴史研究の目的は、歴史の動きに内在し歴史を支配する要因、つまり歴史の必然性を解き明かし、それを人びとに教訓（「鑑戒」）として提示するところにある。

『読史余論』の概略

『読史余論』の成立事情と伝本について、益田宗氏の詳細な検討（「解題」『日本思想大系三五　新井白石』）がある。白石は、正徳《しょうとく》二年（一七一二）の春から夏にかけて、六代将軍徳川家宣《とくがわいえのぶ》の侍講《じこう》として講義が終わるたびに、家宣のもとめに応じて「本朝代々の沿革・古今の治乱」を論じたという。白石の講説に強い関心を持った家宣は、その概略を書いて提出するよう命じ、白石は「小冊子」を進上した。残念なことに、それは伝存しない。

家宣へ進講するために用意した細かな字で記された講義ノートが、享保《きょうほう》七年（一七二二）、同八年に門人や親族の手により書写され、三冊本が作成された。これを元にして、さらに書写された諸本が流布した。天保《てんぽう》一一年（一八四〇）に木活字本、安政《あんせい》五年（一八五八）に整版本が出版され、後者が『新井白石全集』所収本の底本になった。なお、それと成立事情の異なる写本が、家宣と七代将軍家継《いえつぐ》の側用人《そばようにん》をつとめた間部詮房《まなべあきふさ》の子孫である越前鯖江藩《さばえはん》間部家に伝来し、現在は国立公文書館の所蔵である（『日本思想大系三五　新井白石』所収「読史余論」の底本）。

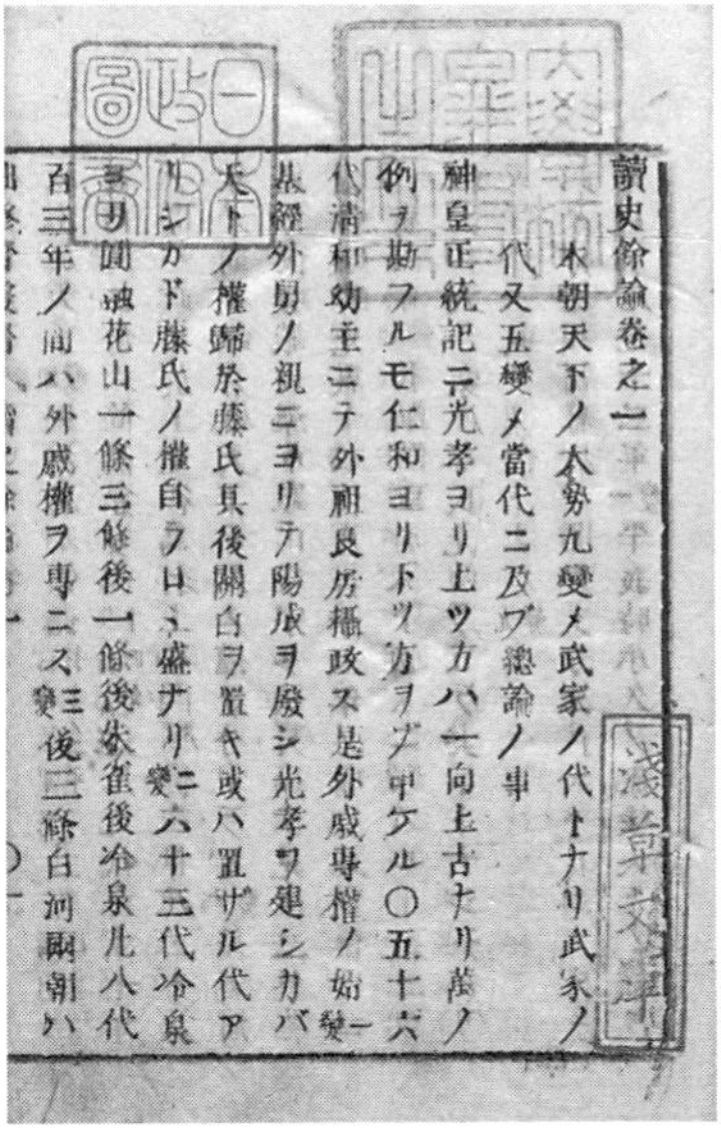
讀史餘論卷之一
本朝天下ノ大勢九變メ武家ノ代トナリ武家ノ
代又五變メ當代ニ及ブ總論ノ事
神皇正統記ニ光孝ヨリ上ツカタハ一向上古ナリ萬ノ
例ヲ勘フルモ仁和ヨリトツカタヲゾ申ケル○五十六
代清和幼主ニテ外祖良房攝政ス是外戚專權ノ始一變
基經外舅ノ親ニヨリテ陽成ヲ廢シ光孝ヲ建シカバ
天下ノ權歸於藤氏其後關白ヲ置キ或ハ置ザル代アリ
シカド藤氏ノ權自ラ日ニ盛ナリ二變六十三代冷泉
ヨリ圓融花山一條三條後一條後朱雀後冷泉凡八代
百三年ノ間ハ外戚權ヲ專ニス三變後三條白河兩朝ハ

図13　『読史余論』（国立公文書所蔵）

『読史余論』は、その冒頭に、「本朝天下の大勢、九変して武家の代《だい》となり、武家の代また五変して当代におよぶ総論の事」と記され、天皇王朝（古代天皇制国家を仮に天皇王朝とする）が九変して武家の世となり、武家の時代も五変して、徳川家が全国支配する江戸幕府成立までの日本の歴史を叙述する。白石は、天皇王朝が成立してから江戸幕府の成立に至る歴史を、九変と五変に時期区分して論じ、江戸幕府成立の必然性と正当性を歴史的に論証しようとした。

白石は、幕府儒者の林鵞峰《はやしがほう》（林羅山《らざん》の子）が神武《じんむ》天皇から正親町《おおぎまち》天皇（在位一五五七〜八六）までの歴史を編んだ年代記『日本王代一覧』（慶安《けいあん》五年〈一六五二〉成立。寛文《かんぶん》三年〈一六六三〉刊行）を時間軸にとり、その中に歴史書や公家日記などからさまざま渉猟した史実を配列する、という手法で執筆していった。上巻は総論で、九変・五変の各変ごとに略述して全体を概観、中巻は、神武天皇から始まり鎌倉幕府滅亡まで、下巻は、後醍醐《ごだいご》天皇の建武《けんむ》の中興《ちゅうこう》から豊臣秀吉《とよとみひでよし》、徳川家康《いえやす》までの歴史を叙述している。

『読史余論』の歴史観

白石の歴史研究の目的は、歴史を実証的に叙述することにより、歴史の動きを内在的に規定する力を明らかにし、為政者の教訓とすることにあった。玉懸博之氏は、天と人との応報関係からなる道徳史観と指摘し（『近世日本の歴史思想』）、尾藤正英氏は、白石は道徳の働きを応報という考え方と正名《せいめい》思想に求めているという（「新井白石の歴史思想」『日本思想大系三五　新井白石』）。

応報とは、「積善の家には必ず余慶《よけい》（幸福）あり、積不善の家には必ず余殃《よおう》（災難）あり」のように因果応報が家に現れる、というものである。また正名思想とは、「君、君たり、臣、臣たり、父、父たり、子、子たり」というように、君主と臣下、父と子など、「名」に与えられた職分や役割を各人がきちんと果たすことを求める思想である。もしもこの道徳の規準を踏みはずすならば、たとえ天皇でも将軍でも厳しい批判をうけることになる。為政者は、そこから歴史の教訓を得るのである。

執筆の目的　白石が『読史余論』を進講した目的は、将軍家宣に歴史の教訓を説くためであった。とくに二点だけ指摘しておきたい。

第一は、益田宗氏が指摘する将軍家宣の継嗣問題である（前出「解題」）。『読史余論』の元となる家宣への進講は、正徳二年の春から夏におこなわれ、家宣の死去はその年の一〇月である。健康がすぐれず、しかも実子はまだ四歳の幼児だった。『読史余論』の中で、「世間での重要事のなかでも、人の世継ぎほど大切なものはない」（横井訳二六九頁）と記し、家宣の継嗣選択に過ちがないようにと、天皇家、鎌倉将軍家、摂関家などの多くの事例から教訓を引き出しているのは、その目的からだった。

第二は、江戸幕府の現状への警鐘である。徳川家康が「天命《てんめい》」をうけたとはいえ、将軍の失政や不徳があれば「天命」が革《あらた》まることはあり得る。白石がとくに指摘するのは、室町幕府八代将軍足利義政《あしかがよしまさ》（一四三六〜九〇）から始まり現在にまで及ぶ国家を損なう害、それは、御殿や寺社の造営、庭園の築造、珍品奇物の収集と好事などの「過奢《かしゃ》」「驕奢《きようしゃ》」のために、「天下の財すでに尽きはて」た状態である。義政は奢侈を好んで国家の財を費やし士風を廃《すた》れさせ、その害が二百数十年たった現在にまで及んでいる。ところが、今の人びとは義政の時代を思慕している。それは、謂われのないことと批判する。これは、奢侈を好み、幕府財政を破綻させた徳川綱吉《つなよし》とその時代の風潮を非難しているのは間違いあるまい。「天命」が革まるのを恐れ、将軍家宣に徳を積み正しい政治をおこなうことを求めた。

『読史余論』は、天皇王朝から江戸幕府成立までの歴史を、「天命」による易姓《えきせい》革命と理解した独特の歴史書である。天と人との応報と正名により歴史事象と人物を縦横に切り分け、日本の歴史の中に、為政者の不徳と失政に対する「天命」の革まりによる易姓革命を主張した。正名思想から、江戸幕府がなお王官を使い続け、新たな「名号」を作り出さない重大な欠陥を指摘し、元禄時代の徳川綱吉の失政と不徳に対して、「天命」の視点から徳川家へ警鐘をならした歴史書である。

北条泰時と武家政権の評価

白石は、乱世の時、平和回復のため命をなげうって働いた武士とひどいありさまの公家を対比させ、そこに武家の優位性と武家の天下支配の正当性を語っていた。そして、その具体例を提示する。

白石は、源頼朝《みなもとのよりとも》、および北条泰時《ほうじようやすとき》（一一八三〜一二四二。鎌倉幕府執権《しつけん》。御成敗式目《ごせいばいしきもく》の制定、連署《れんしよ》・評定衆《ひようじようしゆう》の設置など執権政治の確立に尽力）が切り開いた武家政権について、一定の評価を与えている。

保元《ほうげん》・平治《へいじ》の乱以来の乱世に、頼朝という人もいず、（北条）泰時という人もなかったならば、日本国の人民はいったいどうなっていたことか、このことをよく理解しない者は、理由もなく皇威が衰え、武士の権力が勝ったと思いこんでいるが、それは誤りである。泰時の時代を思うときは、深く誠意のあったことを思うべきであろう。子孫はそれほどの心がまえもなかったが、泰時が確立した法制のままに政治が行われたからこそ、至らぬながらも北条氏は代々続いたにちがいない。（横井訳一二三頁）

頼朝については、その猜疑心《さいぎしん》の強さから、親しい兄弟一族を殺した因果が子に報いた結果、わずか三代で滅んでしまったと、手厳しく批判しながらも、武家の源頼朝や北条泰時がいなかったら、保元・平治の乱以来の世の中の混乱が続いて、日本国の人民はどうなっていたかわからない。つまり、乱世の事態を救ったのは、武家の頼朝や泰時の功績だったという。だから、天皇の権威が衰え武家が勝っただけの理解は正しくなく、武家こそが、社会の混乱を鎮《しず》めることができたと理解すべきという。泰時以後、北条氏の政権が続いたのは、泰時の誠意と御成敗式目など法制を確立させたからとも言う。白石は、公家らが引きおこした混乱を沈静化する役割を、武家だけが果たしたと評価する。

その対極にいるのが、後白河院《ごしらかわいん》と後鳥羽院《ごとばいん》である。北条氏が国政を担う執権政治を生み出す「七変」の原因は、承久《じょうきゅう》の乱（承久三年〈一二二一〉）である。この乱を引きおこした後鳥羽院（在位一一八三〜九八）と、その

後白河・後鳥羽の因果

祖父後白河院をやり玉にあげる。

後鳥羽はそもそも天下の君になるべき器ではなかった、と手厳しく批判した。祖父の後白河は、自分に懐《なつ》いているというだけの理由で、年長者を押しのけて後鳥羽を皇位につけ、皇位を軽く扱った。さらに、いっとき安徳《あんとく》と後鳥羽の二人の天皇が並立し、東の帝の弟後鳥羽が、西の帝の兄安徳にはむかって争う事態を引きおこした。弟が兄にはむかって戦うのは、正名思想からいって正しくない。後白河の誤った措置と名分の立たない後鳥羽が、承久の乱とその結果としての「七変」をもたらしたと、因果を説く（横井訳二六一頁）。天

皇も因果応報を免れないのである。このあとで、後醍醐天皇も厳しい批判をうける。

尊氏はなぜ将軍になれたのか

白石が、公家、公家政権との対比で、武家、武家政権を評価する主張は、足利尊氏《たかうじ》（一三〇五〜五八。室町幕府初代将軍）と室町幕府でも同様である。『読史余論』の総論で、尊氏が権力をほしいままにしたのは、後醍醐天皇（在位一三一八〜三九）の「建武の中興」政治が正しくなかったため、天下の武士が、武家の代《よ》を慕ったからである、と指摘する。

この人（尊氏）が初めに挙兵して以来二十六年のあいだ、一日とて戦いのないことはなく、天下は最後までおちつかず、君臣父子兄弟たがいに争い合ったことは、古今に例のないことである。すべて、自分が正しくなかったために、他人を正すことができなかったからである。

しかしこの人が、けっきょく武家の棟梁《とうりょう》となったことは、公家の政治が、ことのほか武家の治世に劣るということを武士も人民もよくわかったので、だれでもいい、武家の時代を再興してくれる人を君主にまつりあげようと天下の万民が思い慕っていたところ、好都合なことに、この人が、朝廷にそむいたから、朝敵というその名は憎んでも実を慕ったわけである。

（横井訳一八〇頁）

少し解説を加えたい。

足利尊氏が挙兵してから二六年間、一日として戦争がなかった日がないほど天下は安定せず、古今未曾有なほど君臣父子が争ったのは、尊氏自身が正しくなかったため、他人を正すことができなかったからだ、と尊氏を批判した。しかし、それでも尊氏が征夷大将軍《せいいたいしょうぐん》になれた理由を説く。それは、天皇・公家の政治が武家の政治よりはなはだしく劣っていることを、人びとがよくわかっていたので、それこそ誰でもいいから、武家政治の時代を再興してくれる人を君主に祭り上げようと考えていたからだという。それほど天下万民が武家政治を願い望んでいたところ、まことに好都合なことに、尊氏はかつて朝廷に叛いた（後醍醐天皇の建武政権から離反したこと）ので、朝敵《ちょうてき》という名は憎んでも、武家という属性に期待した、ということである。

ここには、武家の政治は天皇・公家の政治より優れているという、白石の武家、武士の優位性への信念に近いものを見ることができる。

公と武の関係

まったく武家の代

白石は、武士・武人に価値をおき、「公武各別」を強調し、「武家の旧儀」による「礼楽」を興すことを主張したが、現に「天皇」（「公」）が存在する。白石は、公と武の関係、天皇と将軍の関係をどのように理解していたのかを、白石の日本歴史の理解を踏まえながら考えたい。また、白石は観念的に論じているのではなく、徳川家による江戸幕府創業一〇〇年、神祖徳川家康没後一〇〇年という時点に生きた白石にとって、この一〇〇年には重要な意味があった。武士・武人儒学者白石の面目がつよく現れる。

白石は、「本朝天下の大勢、九変して武家の代となり」云々の総論で、「後醍醐重祚《ちようそ》、天下朝家（皇室）に帰する事纔《わずか》三年」の八変の後、九変は、「そののち天子（後醍醐天皇）蒙塵《もうじん》（変事のため出奔し流浪すること）、尊氏、光明《こうみょう》（天皇）をたてて共主《きょうしゅ》となしてより、天下ながく武家の代となる」（「読史余論」『日本思想大系三五　新井白石』一八五頁）と時代区分をしている。足利尊氏が、北朝の光明天皇（在位一三三六〜四八年）を擁立して「共主」、すなわち天下平定のため、臣下である足利尊氏が推戴して天子として以来、世の中は武家の時代になったと解釈する。

「総論」の末尾に次のように書いている。

足利尊氏が天下の権をほしいままにしたことも、後醍醐天皇の中興政治が正しくなく、天下の武士が武家の世を願ったことに原因があった。尊氏以後は、朝廷はただ有名無実の地位に擁せられただけで、天下はまったく武家の時代となったのである。

（横井訳一二頁）

後醍醐天皇の建武中興の政治が正しくなかったため、全国の武士が武家の時代の再来を願ったから、足利尊氏は将軍職につくことができ、それ以降、天皇家は有名無実の存在になり、天下はまったく武家の時代になったと解釈した。

足利尊氏が将軍になって以降、完全に武家の世になった、という解釈が重要である。しかし、「共主」である天皇（北朝天皇）は存在する。

尊氏の都合でたてられた北朝

それについて、『読史余論』上巻の終わり「南北分立の事」の末尾に、次のように書いている。

足利尊氏は、後醍醐天皇に背いて、臣下として天皇と天下を争うことを内心で恐れ、しかも合戦では敗北続きだったため、進言する者たちもいて、光明天皇を擁立して主君とし、南朝と北朝の天皇同士の争いであるかのように装った。（中略）だから北朝は、足利尊氏が自分の利益のためにたてた天皇であり、正統な皇統とも言えないので、偽主、偽朝などと言う者がその時代にはいた。

（『日本思想大系三五　新井白石』二七六頁。現代語訳は著者）

北朝天皇は、足利尊氏の都合でたてられた天皇家だという。そのため、当時、北朝天皇は正当な皇統とは言えない（南朝こそ正統な皇統という意味）として偽主、偽朝などと言う人びとがいたほどだった。後の「南北朝正閏論《せいじゅんろん》」に関わる説である。

南朝が滅んだ後、天下の人びとは天皇家の存在を知らず、豊臣秀吉が天皇家の権威をかりて天下を握ろうとして、さまざま天皇の命令である詔勅《しょうちょく》と称して指令を出したが、誰もこれには従わなかった。諸大名らが秀吉に従ったのは、天皇の権威にひれ伏したのではなく、秀吉の軍事力を恐れたため、とも言う（同前二七六〜二七七頁）。

尊氏の都合でたてられた天皇家は、人びとから忘れられた存在になり、豊臣秀吉の時代には権威を失っていた、という理解である。これが、徳川家康、徳川家が天下を平定する時点での天皇家、「公」についての白石の解釈である。

天皇家は武家と盛衰をともに

白石は、宝永《ほうえい》六年（一七〇九）正月二七日に提出した献策の中で、

元亨《げんこう》・建武のあいだ（後醍醐天皇の治世）、皇統がすでに南と北に分かれ、南朝はまもなく絶えてしまわれた。北朝はもともと武家のために立てられたものであるから、武家の治世と盛衰をともにされるべきであるが、応仁《おうにん》の乱のあと乱世がつづき、武家がすでに衰えた以上、皇室が衰えたことは言うまでもない。当家の神祖《しんそ》（徳川家康）が天下を統一されるに及んで、皇室でも絶えたしきたりを継承し、すたれた諸行事を再興されたのである。（桑原訳一〇〇頁）

という趣旨のことを書いた。

足利家の必要、都合でたてられた北朝の天皇家は、足利家の衰退とともに衰え、それを立て直したのが徳川家康という解釈である。天皇家は、運命共同体である室町幕府の弱体

化とともに衰退したが、天下を平定した徳川家康の援助により、ある程度は再興されたと言う。天皇家が再建されたのは、徳川家康のお陰と言いたげである。白石の言う「共主」という天皇家の位置づけは、徳川家になっても変わりがない。

そこから導き出されるのは、天皇家は武家の必要から立てられ、守られ保護される存在、という認識であり、天皇家と徳川家は、天皇家と足利家と同様に、盛衰をともにするパートナーであり、運命共同体のようなものである。そのような存在の天皇家を、徳川将軍家の天下統治の正当性の根拠にするのはいささか弱い。そこで白石は、儒者らしく天、天命を持ち出した。

徳川家全国支配は天命

徳川将軍家が、天下を、国土と人民を支配する正当性をどこに求めるのか。江戸時代後期には、大政委任論《たいせいいにんろん》、すなわち天皇が将軍に日本の国土と人民を統治する権限を委任した、政務委任という考え方が優勢になる。

しかし、白石は天皇・公家の政治が衰えたのは、武家の政治のほうが朝廷の政治より優れているからだ、と主張していた。武家の政治がより優れているのだから、武家が全国を支配する武家国家になるのは当然、ということになる。

白石は、徳川家康が天下を平定し、全国を支配できた理由を次のように書く。

わが神祖は、天から勇気と知恵を授かり、天下を統一なされたが、これは御先祖代々が徳を積まれたためであり、これによって子孫万世の事業をおはじめになることができたのである。

（桑原訳九八頁）

徳川家康は、天から勇気と知恵を授けられたことと、徳川家の祖先が徳を積んできたことにより天下を統一し、徳川家による全国統治を始めることができた、と説明している。「積善の家には必ず余慶あり」（『易経』坤卦）は、先祖が善行を積み重ねれば、子孫にまで幸福がその報いとしてくる、という意味である。家康の先祖の善行の積み重ねが、家康に天下平定という幸福をもたらしたことになる。「天」と「徳」、まさに儒教による因果応報の解釈であり、天照大神やその子孫とされる天皇の委任などではない。

さらに白石は、武家諸家の系譜を編集した『藩翰譜《はんかんふ》』の凡例に、

関が原の戦い終わりて後、天命一《てんめいひと》たび改りて、功あるは不次《ふじ》の賞行われし多く、罪あるも恩かうぶりて本領安堵《あんど》せるすくなからず。

（『藩翰譜』凡例一頁）

と書く。関ヶ原の戦いが終わり、天命が改まったという。天命とは、天地万物を支配する超越的な存在としての天が人間に与えた命令のことである。天子は、天命をうけて天下を治めるが、もしその家（姓）に不徳の者が出れば、別の有徳者が天命をうけて新しい王朝

を開くという易姓革命の原理は、中国古来の政治思想として大きな影響を与えた。関ヶ原戦後に天命が改まったとは、徳川家康に天命が降り、新たな王朝が誕生したという解釈になる。つまり、王朝交代があった、というのが『藩翰譜』における白石の解釈になる。また、さきの『折りたく柴の記』の記述も同様の趣旨だろう。白石は、徳川家の全国支配の正当性を天皇に求めず、天命に求めている。

『藩翰譜』が甲府藩主徳川綱豊《つなとよ》（のち将軍家宣）に上呈された元禄《げんろく》一五年（一七〇二）頃、また、将軍家宣への講義が終わったあとに語り、『読史余論』のもとになる講義ノートを記していた正徳二年（一七一二）頃、白石は、天命思想に立ち、徳川家が全国を支配する権限は、天から授かったものと考えていたことは疑いない。

白石の天命思想

家康は天より授かった勇気と知恵、それと徳川家先祖の積徳により天下を平定したが、四代将軍以降、親から子へ将軍の血筋が二回もつながらなかった。白石は、この事態を「神祖ほどの徳をもっておられてさえ、まだ百年足らずのうちに将軍家のお血筋がこのようなことになった」（桑原訳九九頁）と嘆いた。

その原因と対応について、「天が下した禍いを悔い改めて、徳川家に新たに天命が下りるようになるには、神祖の徳を継承する以外にはない」（桑原訳九九〜一〇〇頁。原文は

「其禍《そのわざわい》を悔《く》ひて、其ノ命維レ新《めいこれあらた》ならむ事は、神祖の御徳に継《つが》れんにしくべからず」『折たく柴の記』岩波文庫、一三八頁）と説いている。なお、「其禍を悔ひて」は、『春秋左氏伝』隠公十一年の記載に基づくことば（桑原訳二一四頁、注6）、「其ノ命維レ新ならむ事」は、『詩経』大雅、文王篇に「周は旧邦なりといえども、その命維れ新たなり」とあり、周の国王に天下を治めよとの新たな天命が下ったことを意味し、徳川家を周王朝になぞらえて言ったもの（桑原訳二一四頁、注7）と解説されている。

天命をうけた家康の徳をもってしても、その血筋が二度も断たれる事態になったことから、白石は、天命が革《あらたま》るかもしれないという深刻な危機感を抱いた。その危機を乗り越えるには、再度、将軍が徳を積んで新たに天命をうけるようにすべきだと論じる。それは、いったん徳川家康（徳川家）に下った天命は、その子孫の不徳により取り上げられるかもしれない、という危機感である。不徳の子孫とは、おそらく一人は五代将軍綱吉であり、新たな天命をうけるために徳を積むことを求められているのは六代将軍家宣である。

白石は、全国を統治する徳川将軍の正統性は、天から与えられているという、天命思想によっている。そのような理解は、儒学者であることとともに、白石の日本歴史の理解、とくに天皇と武家政権との関係の歴史の理解に基づくのである。しかし、白石は天皇を否定したわけではない。

徳川将軍は天皇に仕える

江戸時代も続く天皇は、武家（足利家）の都合で立てられた「共主」であり、武家と盛衰をともにする存在、という基本的な性格は変わらない。白石が、現実の天皇と徳川将軍の関係をどのようなものとして考えていたのかを見てみたい。まず、天皇と将軍は、日本社会の序列でどちらが高いのか、俗に言えばどちらが偉いのか。

白石は、「将軍は天皇より下だが、三公《さんこう》・親王の上に立たれる」（桑原訳二八七頁）と書く。徳川将軍は、天皇より下で、太政大臣・左大臣・右大臣（以上が三公）や親王より上と位置づける。徳川将軍は、日本国の価値序列ではナンバー2である。

まったくの武家の代になり、徳川将軍は天命をうけて天下を支配しているにもかかわらず、価値序列としては天皇の下という、ややわかりにくいところが残る。しかし、天皇は「共主」であり、それが天皇と徳川将軍の関係の現実である。後述するが、天皇の皇子女のほとんどが出家するという実態を憂え、閑院宮家《かんいんのみやけ》創設につながる提言をする中で、

これらのことについて改善の処置がなされないことは、朝廷にお仕えする義務を果たしたとは言えない。（桑原訳一〇〇～一〇一頁）

と書く。白石は、徳川将軍は天皇に仕える存在と考えていたことになる。天皇に仕える存在であるから、序列が天皇の下になるのは当然である。天命をうけた徳川家であるが、天皇を否定せず、なお現実に存在する天皇に仕える存在という。

荻生徂徠の天皇観

白石から離れ、荻生徂徠《おぎゅうそらい》の天皇の位置づけを見ておこう。五代将軍綱吉の一代記である『憲廟実録《けんびょうじつろく》』は、柳沢吉保《やなぎさわよしやす》が編纂させたものだが、その編纂主任は徂徠である。なお「憲廟」とは、綱吉の諡号《しごう》である常憲院《じょうけんいん》の「憲」をとって綱吉の御霊屋《おたまや》に贈られた廟号《びょうごう》である。

『憲廟実録』最終第三十巻末尾の論賛《ろんさん》（人物評）は、「正徳四年甲午正月十日　源吉《みなもとのよし》保《やす》入道保山《ほざん》謹録」とあり、柳沢吉保が書いたことになっているが、辻達也氏は、編纂主任徂徠の執筆と考えてさしつかえないと見る（「幕藩体制の変質と朝幕関係」）。徂徠が、天皇と将軍の関係をどのように考えていたのかを、この「論賛」の記述から見てみたい。

> 王化陵夷《おうかりょうい》して、海内武命を欽《つつし》む。天の与ふるところ、民の帰する所、誠に物を改むるに近し。況《いわん》や神祖天下を乱賊《らんぞく》に取たまへる。尚西伯《なおせいはく》に法《のっと》り神（坤《こん》カ）道《どう》を守り給ふこと、国家の定（宏《こう》カ）謨《ばく》なる上、尚深く天命未改《みかい》の精微《せいび》を鑑《かんが》み給ふにや。

建武年間（一三三四〜三六）以降、天皇家は衰え、人びとは武家の政治を歓迎した。これは「天」が与えたものであり、また、民心の帰するところでもあった。この事態は、天命が改まる易姓革命に近い、と徂徠は見る。しかし、徳川家康が天下を平定しても、「西伯の故事」にならって臣下の道を撰んだのは、天命はいまだ改まっていないと判断したから、と言う。

「西伯の故事」とは、中国古代の王朝である周《しゅう》の武王《ぶおう》（周王朝の初代国王）の父文王《ぶんおう》が、天命をうけるほどの徳の持ち主と讃えられながら、紂王《ちゅうおう》（紀元前一一世紀の殷《いん》王朝最後の王。典型的な暴君）の命を奉じて西伯（西方諸侯の長の意。文王の称）に任じられ、徳をもって近隣諸侯をなずけて勢力をのばし、渭水《いすい》（黄河の支流）流域を平定、岐山《きざん》から西安《せいあん》付近の豊邑《ほうゆう》に遷都し、子武王の殷王朝打倒の基礎を築いた、という故事。坤道とは、本来は女性の守るべき道の意味だが、転じて臣下の道をさす。これは、天命をうけ皇帝の位についてもおかしくない徳を積みながらも、臣下の道を撰んだという意味になる。

徂徠は、徳川家康が天皇家に取って代わろうとせず、征夷大将軍という臣下の道を選択したと理解する。これは、全国統治のための家康の深いはかりごとであるとともに、南北朝内乱以降の事態は、天皇家から武家政権へ天命が改まったのに近いのだが、家康は、なお天命はいまだ改まっていないと判断して臣下の道を選択し、その立場で天下を掌握した、というものである。新井白石は天命は改まったと認識し、荻生徂徠は天命は改まったに近いと認識した、という違いがある。

東照宮縁起の考え方

三代将軍徳川家光《いえみつ》の考え方が、寛永《かんえい》一六年（一六三九）から翌年にかけてできあがった「東照宮縁起《とうしょうぐうえんぎ》」の解釈により論じられた。この縁起は、家光の命令により天海《てんかい》（一五三六〜一六四三）が起草したものである。天海は、家康、秀忠《ひでただ》、家光の三代にわたり帰依《きえ》と信任をうけた天台宗の僧であり、深く幕政に関与した人物である。

「縁起」は、『日本書紀』神代巻に描かれる「天孫降臨」に基づく天皇観や国土観を語り、神国思想そのものを引き継いでいる。そして、天皇と将軍との関係について、家康は、「天下の政《まつりごと》を佐《たす》け」「君を守り国を治めること世に超過せり」と書く。つまり、徳川家康は万世一系の天皇の政治を補佐し、天皇を守り国を治めた、という。「将軍は天皇の補佐」ということになる。この考え方は、家光の神国思想、天皇観を示すものとして重要である（高木昭作『将軍権力と天皇』）。

なお、武家は天皇を補佐して天下を治めるという考え方は、江戸前期の儒学者山鹿素行《やまがそこう》（一六二二〜八五）の『武家事紀《ぶけじき》』（延宝《えんぽう》元年〈一六七三〉成立）にも見ることができる（守本順一郎「山鹿素行における思想の歴史的性格」)。

家康は臣下の道を選択したという徂徠の解釈は、「縁起」が言う「天皇の補佐」に近い。

天照大神が皇孫ニニギノミコトを地上に降ろす時に、八咫鏡《やたのかがみ》とともに授けた神勅《しんちょく》(「天壌無窮《てんじょうむきゅう》の神勅」と呼ばれる)により、その子孫による天皇位の世襲が保証されたとするため、日本では、天命思想、易姓革命説は受容されなかったとされる。

大政委任論

それでは、徳川家、徳川将軍が天下を支配し、国政を担う正当性はどこにあるのか。江戸時代後期には、大政委任論という政治論で説明される。それは、徳川将軍が国政(大政)を担う権限は、天皇から委任されているという考え方である。国学の立場から早くに唱えた本居宣長《もとおりのりなが》は、天照大神が東照神君《とうしょうしんくん》(神格化された徳川家康)に大政を委任し、その子孫である代々の徳川将軍が国政を担い、それをさらに諸大名が各地で分担している、と説明した。これは、たんに学者の理論にとどまるだけではなく、後に幕府と朝廷の間でも合意された考え方だった。

将軍は天皇にお仕えする、天皇を補佐する、という天皇と将軍の関係の解釈により、徳川将軍の全国支配を正当化してきたが、江戸時代後期には、大政委任論により、天照大神から、そして天皇からの将軍への委任という解釈により正当化された。

「天命維新」の試み

「天命」再降下

幕府危機への提案――家康の徳を継ぐ（一）

将軍家血筋の断絶

新井白石《あらいはくせき》は、宝永六年（一七〇九）正月二七日に、重要な意見書（「封事《ふうじ》」）を主君であり、新将軍になる徳川家宣《とくがわいえのぶ》に差し出した。前代将軍綱吉《つなよし》の死去から半月ほどしか経たないうちに提出した意見書は、白石にとって緊急性と重要性を持っていた。

徳川家康《いえやす》は、天から勇気と知恵を授かり天下を平定したが、これも先祖代々の積徳の余《よ》慶《けい》である、という解釈だった。家康に多くの男女の子が生まれたのも、天命が家康に下った結果なのである。家康の子どもには、大藩に封ぜられ、今もその子孫が栄えている方が四人いる（紀伊・尾張・水戸・越前家）。二代将軍秀忠《ひでただ》の子で大名になったのは、駿河大納言の事件（忠長《ただなが》。一六〇六〜三三。家光《いえみつ》の弟、秀忠三男。駿府五五万石。寛永《かんえい》一〇年〈一六三三〉自殺）のため、今はただ保科正之《ほしなまさゆき》（会津松平家）の子孫のみになった。三代家光には、大名になった子が二人いた（館林の綱吉、甲府の綱重《つなしげ》）。

しかし、四代家綱《いえつな》は後継の子がなく、死去する時、兄弟も綱吉だけだったので、綱吉が後継将軍になった。五代将軍綱吉には、若君（徳松《とくまつ》）がいたが、まもなく亡くなり、後継がいなくなったため、弟綱重の子綱豊《つなとよ》（のち家宣）を養子にし、家宣が六代将軍になった。三代将軍以降、二代続いて親から子に継げなかった。白石は、これを将軍家の血筋が二度も絶えたと解釈し、天が徳川家の不徳を責めて禍を下した、と判断したのである。

「天命維新」の提言

神祖徳川家康ほどの徳をもってさえ、一〇〇年たらずのうちに将軍家の血筋がこのようになったのには理由がある。まして当代将軍家宣は、先代綱吉の養子であるから、白石は、天命が徳川家以外に下ってしまう、つまり「天命が革《あらたま》る」のではないか、と憂えただろう。そこで、危機の打開策を家宣に提案した。それが前に紹介した「天が下した禍いを悔い改めて、徳川家に新たに天命が下りるようになるには、神祖の徳を継承する以外にはない」である。不徳を悔い改め、徳川家に新たに天命が下る（「其《そ》の命《めい》維《こ》れ新《あらた》ならむ事」『詩経』大雅文王篇。桑原訳二一四頁、注7）よ

図14　徳川家康画像（徳川記念財団所蔵）

うにするには、神祖家康の徳を継ぐ以外にないと言う。

家康の徳を継ぐ途

白石の提案は、新宮家の創設と皇女の降嫁である。神祖徳川家康が、天下平定後に援助した結果、皇室は経済的困窮により廃絶した儀礼などを復興させることができた。皇室の再興である。これが、継ぐべき家康の徳の一つである。

皇室では、天皇の後継者である皇太子以外の皇子・皇女がみな出家している現状は、皇室が衰退した時代とまったく変わっていない。このようなことは、武士身分にも、百姓・町人身分の者にもない。将軍が皇室のこの慣例を改善しなくては、天皇にお仕えする将軍の義務を果たしたとは言えない（桑原訳一〇〇～一〇一頁）。親王家（宮家）の創設、降嫁《こうか》（皇女が臣下に嫁ぐこと）による財政的な負担に耐えられるのか、また、皇族が増えて反乱などの政治的な危険性はないのか、などの疑念にもいちいち反論する。

そして、天照大神の子孫である天皇家がこのような現状にいるのに、神祖徳川家康の子孫がとこしえに繁栄することを望むのは、いかがなものかと疑問を投げかけ、皇子・皇女が出家している現状の改善を将軍家宣に提言したのである。家宣は、白石の意見は道理にかなっているが、国家の大計なのでよくよく考えてみようと答えたという。

天皇の皇子・皇女は一人を除いて出家する（実際には、親王家や摂家《せっけ》へ養子に行く、あるいは嫁ぐこともある）という、世間一般の人情に反する現実を改めることが、朝廷を再興した徳川家康の徳を継ぐことになり、その徳により新たに天命をうけ、徳川家の永続を図るという献策である。

天皇への報恩

白石の献策もあって、新たな宮家として閑院宮《かんいんのみや》が創設され、霊元《れいげん》法皇姫宮が七代将軍徳川家継《いえつぐ》へ降嫁した。このことについて白石は、次のように書いている。

その後（閑院宮創設が決まった後）また、御先代（七代将軍家継）に皇女が御降嫁されることも決められた。これらのことは、私がこの国に生れて、天皇の御恩にむくいたことの一つである。（桑原訳一〇二頁）

新宮家の創設と皇女の降嫁は、白石にとって、日本国に生まれて天皇の御恩に報いたことの一つだという。天皇にお仕えする将軍が、天皇家の現状を改善する措置を講じたのであり、その将軍に仕える白石にとっては天皇への報恩だった。また、それは、「天命維新」の実現のため、徳川家康の徳を継ぐ行為でもあった。

親王家とは

親王の称号を許された皇族の家を親王家と呼ぶ。中世以降は世襲されるようになり、白石の頃、世襲親王家は、伏見宮《ふしみのみや》、京極宮《きょうごくのみや》（初め八条宮、常磐井宮《ときわいのみや》、京極宮と改称し、文化《ぶんか》七年〈一八一〇〉に桂宮《かつらのみや》）、有栖川宮《ありすがわのみや》（初め高松宮、花町宮と改称し、寛文《かんぶん》一二年〈一六七二〉に有栖川宮）の三家だった。伏見宮家は、成立が一四世紀半ばまでさかのぼり、京極宮家は、正親町《おおぎまち》天皇（在位一五五七〜八六）の孫智仁《ともひと》親王を祖とし、有栖川宮家は、後陽成《ごようぜい》天皇（在位一五八六〜一六一一）の皇子好仁《よしひと》親王を祖とした。

皇子の中には摂家の養子に出る者もいたが、多くは出家し、仁和寺《にんなじ》、青蓮院《しょうれんいん》、聖護院《しょうごいん》、大覚寺《だいかくじ》など、寺格の高い宮門跡《みやもんぜき》寺院の住職になった。皇女も、宮家や摂家に嫁ぐ者もいたが、多くは出家し、曇華院《うんげいん》、中宮寺《ちゅうぐうじ》、大聖寺《だいしょうじ》など比丘尼御所《びくにごしょ》寺院の住職になっている。

閑院宮家の創設

宝永《ほうえい》七年（一七一〇）八月、東山《ひがしやま》天皇（在位一六八七～一七〇九）第六皇子秀宮《ひでのみや》（のち直仁《なおひと》親王）の宮家創設が公表された。これは、寛永二年（一六二五）創設の高松宮《たかまつのみや》以来の宮家誕生で、享保《きょうほう》二年（一七一七）に宮号を閑院宮と定めた。白石が将軍家宣へ親王家の創設を建言したことと、前関白太政大臣近衛基熙《このえもとひろ》が、親王家創立を願う東山上皇の遺言を将軍家宣に伝えたことがあいまって実現した。なお、霊元上皇は、近衛基熙の周旋により実現したので、基熙との反目ゆえに新宮家創設に反対だった。なお、霊元上皇が富貴宮《ふきのみや》（文仁親王）に新宮家を創立させようとして実現できなかった経緯もある。

東山天皇は、秀宮による新宮家の創設を願ったが、新たに宮家御料が必要となるので、幕府の承認が必須の案件だった。以後の先例とはしない（新宮家創設の前例にはならないとの意味）という条件をつけて新宮家閑院宮の創設となり、家領一〇〇〇石が進上された。宮邸は、公家町の南西の隅に建てられた。閑院宮家は、江戸時代の世襲親王家四家の一つ

図15　天皇系図（後水尾天皇から孝明天皇まで）

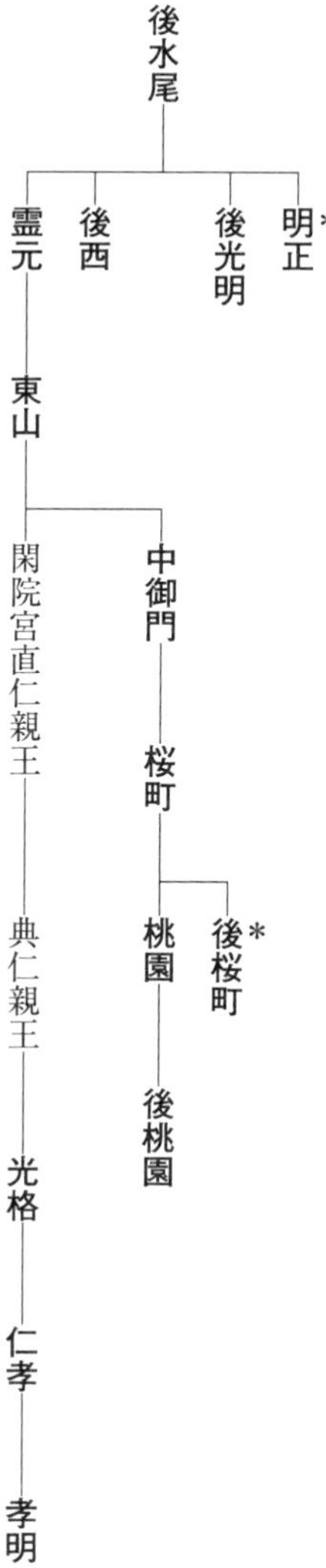

（出典）藤田覚『江戸時代の天皇』講談社、二〇一一年をもとに作成。
（注）ゴシック体が天皇。*は女性天皇を示す。

になった。これも、当時の朝廷と幕府の良好な関係を象徴する出来事だった。

三親王家から四親王家への増加にすぎない。しかし、後に後桃園《ごももぞの》天皇（在位一七七〇～七九）が、安永《あんえい》八年（一七七九）一一月に死去したさい、生後一〇か月の皇女しか皇統を嗣ぐべき者がいないという深刻な事態になったさい、皇統の危機を救ったのは、閑院宮家の存在だった。閑院宮家第二代典仁《すけひと》親王の第六王子祐宮《さちのみや》（のち光格《こうかく》天皇）が、後桃園天皇の養子になって践祚《せんそ》し、皇統断絶の危機を救った。これは、世襲親王家から皇統を嗣ぐ初めての事例だった。白石の知り得ない後世の出来事だが、閑院宮家が皇統の危機を救ったと知ったら、どのような感慨にふけったろうか。

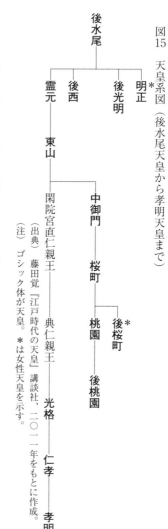

皇女八十宮の降嫁

皇女の降嫁と白石

閑院宮家の創設に白石が関わったことは通説だが、皇女八十宮《やそのみや》の将軍家継への降嫁は、白石が関わったとする説もあるが、はっきりとしない。しかし、白石は、皇太子以外の皇子・皇女がみな出家する現状の改善を献策したのであるから、具体的な関与の有無はともかく、降嫁の実現にまったくの無関係ということにはならない。

閑院宮創設は、白石の関与も含めて研究されているが、皇女の降嫁についてはあまり触れられていないので、実現の経緯をやや詳しく説明しよう。

正徳《しょうとく》五年（一七一五）九月、家宣の子で六代将軍家継（一七〇九〜一六。在職一七一二

〜一六）の正室（御台所《みだいどころ》）に、霊元天皇（一六五四〜一七三二。在位一六六三〜八七。正徳三年、剃髪して素浄。正徳五年の時点は、正しくは法皇）の皇女八十宮（正徳四年八月生。のち吉子内親王）の降嫁が決定された。

白石は、この皇女の降嫁について、次のように書いている

　この年の冬、霊元法皇の姫宮「八十の宮と申し上げる」が上様にお輿入《こしい》れなさることが決まり、来年の春には、阿部《あべ》豊後守正喬《まさたか》殿がそのことのお使いを承《うけたまわ》ると噂された。これは武家の時代がはじまって以来はじめての例である。いまは見はてぬ夢となったけれども、このうえなくありがたいことであった。（桑原訳三一一頁）

白石にとって、八十宮の降嫁も、閑院宮創設とならぶ天皇への報恩の一つだった。正徳五年の冬に降嫁が朝廷と幕府の間で合意され、翌年春に、この件で老中阿部正喬が将軍の使者として上京することが決められた。皇女の武家への降嫁は、武家の世が始まってから初めてのことである。今となっては、将軍家継が亡くなったため婚儀は実現しなかったので「見果てぬ夢」になったが、まことに有り難いことである、と感激した思いを書いている。しかし、みずからが果たした役割について、具体的に語るところはない。

八十宮の父霊元法皇は、後に紹介するように、この降嫁を「公武合体」でめでたい、と

評した。「公武各別」を強調する白石にとって、「公武合体」と「公武各別」はどのような関係になるのか、これについても何も書いていない。

八十宮降嫁の経緯

八十宮降嫁の経緯についてすこし詳しく見てみよう。朝廷では、正徳五年九月二三日に降嫁を決定し、幕府へ送った文書の文面は次のようなものであった。

〔書下し文〕（『基長卿記』九月二三日条）。

法皇御所姫宮八十宮御方関東え御入輿《じゆよ》の義、一位御方・月光院殿御願いの趣、ならびに老中一同願いの通り聞こし召され候。則ち禁裏《きんり》え御相談、摂家《せつけ》中えも仰せ聞かされ候。いよいよ公武御合体の趣ご機嫌に思し召され候あいだ、御契約あらせらるべく候。めでたく御満足思し召され候。

〔現代語訳〕

霊元法皇は、姫宮八十宮の将軍家継への輿入れについて、一位御方（家宣御台所。近衛基熙の娘熙子《ひろこ》。天英院《てんえいいん》。正徳三年従一位）と月光院殿（家継の生母。浅草唯念寺の寺中林昌軒住持勝田玄哲の娘）の願い、および老中一同の願いをお聞き入れになられました。法皇は、この件を天皇へご相談になり、摂家たちにもお話をされました。この縁談により公武合体が深まることをご機嫌にお考えあそばされ、御縁談を御約束されました。法皇は、めでたくご満足にお考えあそばされています。

要約すると、霊元法皇と朝廷は、前代将軍の正室と現将軍の生母、および老中一同の請願を受け入れ、「公武合体」を深める意義があることから降嫁を承諾した、ということである。

この降嫁は、家継が翌年に死去したため、実際の婚儀には至らなかったので、まさに「見果てぬ夢」に終わった。しかし、降嫁自体は決定された。幕末の孝明《こうめい》天皇（在位一八四六～六六）の妹、和宮《かずのみや》（親子《ちかこ》内親王。静寛院宮《せいかんいんのみや》）の一四代将軍家茂《いえもち》への降嫁は有名だが、その約一五〇年前に先例ともなる降嫁決定があった。

八十宮降嫁の経緯はあまり研究がなくよくわからないが、前関白太政大臣近衛基熙の『基熙公記』、武家伝奏《ぶけてんそう》の徳大寺公全《とくだいじきんたけ》の『公全公記』、院伝奏の東園基長《ひがしぞのもとなが》の『基長卿記』などから、わかる範囲で紹介したい。

老中から武家伝奏へ申入れ

幕府が朝廷側に降嫁の件を申し入れたのは、正徳五年四月頃である。近衛基熙は、正徳五年五月二三日に、子で前摂政太政大臣《せっしょうだじょうだいじん》の家熙《いえひろ》から、江戸で幕府老中から武家伝奏へ、将軍家継の御台所に霊元法皇の姫宮をお願いしたい、と申入れがあったと伝えられた（『基熙公記』五月二三日条）。基熙は、「歎《たん》息而已《そくのみ》」「嗚呼《ああ》」と、きわめて嘆かわしいことだ、と否定的な感想を記している。

年の初めに幕府の高家《こうけ》が、将軍の使者として上京し、天皇に年頭の祝賀を伝え、その答礼として、三月から四月にかけて、武家伝奏が天皇の使者である勅使《ちょくし》、院伝奏が上皇（院）の使者である院使《いんし》として江戸に下り、将軍に年頭の祝賀を伝える恒例の儀礼がおこなわれてきた。正徳五年の勅使は、武家伝奏の徳大寺公全と庭田重條《にわたしげえだ》、院使（法皇使）は梅小路共方《うめがこうじともかた》がつとめ、三月二三日に江戸に着き、五月一一日に江戸を発っている。

この年は徳川家康百回忌にあたり、法要が日光で盛大に営まれた。命日の四月一七日をはさんで、二条《にじょう》右大臣綱平《つなひら》、妙法院門跡《みょうほういんもんぜき》、青蓮院門跡、久我《こが》大納言惟通《これみち》、油小路前大納言隆真ら多数の公卿が、日光東照宮における法要に参列した。江戸でも関連する法要が営まれたため、勅使、院使らの江戸滞在は例年より長くなった。

霊元法皇の承諾の意向

この滞在期間中に、老中から勅使らに降嫁の件が申し入れられたらしい。武家伝奏の徳大寺公全が、七月九日に近衛基熙邸を訪れ、説明したことによると、法皇の姫宮を申し受けたいとの申入れは、老中連署《れんしょ》の文書でおこなわれた。武家伝奏の庭田が帰京したのは五月二二日なので、徳大寺と庭田は、帰京の翌

図16　霊元法王画像（泉涌寺所蔵）

日頃、仙洞《せんとう》（院）御所《ごしょ》に参上して霊元法皇にこの件を伝えただろう。法皇は、その時は、よく考えてみよう、と答えたという（『基熙公記』七月九日条）。

武家伝奏は、その主旨を書いた返書（日付不詳）を幕府に送ったところ、六月一三日付の老中連署状が同月一九日に届いた。その文面は、「（法皇が）めでたい知らせであると思うと仰せられた」と武家伝奏からの返書に記されていたので、その通りに一位様と月光院殿へも伝えました、というものだった。老中たちは、降嫁について法皇は前向きの考えと理解した（『公全公記』六月一九日条）。

院伝奏両名が、六月一三日付の老中連署状を、同月一九日に法皇に見せたところ、「承諾の由」ということだった（『基長卿記』六月一九日条）。さらに、七月六日の夜、老中松《まつ》平信庸《だいらのぶつね》から内々の書状が届いた。なお、松平信庸は、元禄《げんろく》一五年（一七〇二）四月から正徳四年九月まで、一二年間も京都所司代《しょしだい》をつとめた人物であり、その長い京都所司代在勤のゆえか、この降嫁一件では幕府側の窓口の役割を果たしている。

院伝奏が、七月七日に松平信庸の書状を法皇に見せ、回答を法皇から聞いて返書の文案を作成した。武家伝奏両名が意見を書き加えたものを法皇に見せ、さらに、法皇の考えも加筆して松平信庸あて返書を確定させた。七月九日に京都所司代の水野《みずの》忠之《ただゆき》にその返書を渡している（『基長卿記』七月七日条）。

「公武合体」でめでたい

七月九日、徳大寺公全が近衛基熙邸で、返書の作成について説明している。返書作成のため、江戸幕府（松平信庸）からの書状を見せたところ、法皇は、「公武合体」のためめでたいことと考えるので、二歳の姫宮を降嫁させることを了承すると仰せられたという。徳大寺公全はこれを聞いて「仰天」したが、法皇の仰せを書き取り、それにところどころ法皇の添削があり、同僚の武家伝奏庭田重條といっしょにそれを書きつけて返書を作成し、所司代に渡したという。徳大寺公全は、霊元法皇の意向を聞いて、「末代の事、歎息の旨」と嘆いた、と近衛基熙に語っている（『基熙公記』七月九日条）。

この降嫁について、霊元法皇は「公武合体でめでたい」と内諾し、幕府との間を取り次ぐ武家伝奏はびっくり仰天し深いため息をついた。朝廷内では賛否が分かれた。

元関白の法皇・幕府批判

近衛基熙は、この件について、娘で前将軍家宣御台所の熙子〈家宣死去後に落飾《らくしょく》して天英院〈一位御方〉〉に仕える女中などに問い合わせ、この降嫁は天英院が願ったことではない、と確信していた（『基熙公記』七月九日条）。基熙は、「末代の世の有り様、言語道断のみ」と嘆く。

かつて約二年江戸に滞在した頃、家宣から朝廷についていろいろ質問をうけ、自身の考えを伝えると、感じ入って喜んでいた。朝廷崇敬に変わりはなく、懇切であることを喜んだものである。家宣は亡くなったが、幕府に変化はないものと思っていたが、幕府は家宣の訓戒に反して降嫁を願い出た、まことに嘆かわしい、とも書く。基熙は、家宣の代の幕府は朝廷を崇敬している、と思っていたが、家宣死去後の幕府は、皇女の降嫁を申し入れるなど、不敬なことをしていると考え、幕府が降嫁を申し入れること自体が朝廷への不敬、と見なした。

後水尾天皇の先例

次いで基熙は、過去の例を持ち出す。後水尾《ごみずのお》天皇〈在位一六一一～二九〉の中宮《ちゅうぐう》、和子《まさこ》〈二代将軍秀忠の娘、徳川和子。のち東福門院《とうふくもんいん》。一六〇七～七八〉が、後水尾の第八皇女緋宮《あけのみや》〈朱宮《あけのみや》、光子《てるこ》内親王、のち林丘寺《りんきゅうじ》住持〉を四代将軍家綱に降嫁させることを申し入れたさい、両院〈後水尾院と明正院か〉が了承せず実現しなかった事例があり、この両院の考え方と判断を、今に至るまで人びとが感心しているという。

また、基熙の娘熙子が、甲府藩主時代の徳川綱豊（のち将軍家宣）と縁組みするさいの話を持ち出す。四代将軍家綱の命として、老中奉書《ほうしょ》（将軍の命を奉じて老中が発給する文書）により婚姻が申し入れられたさい、基熙は即座に返答せず、霊元天皇のもとを訪れて受諾の可否を相談したという。霊元は、今は断れないので受諾すべきだと答えたのをうけて、基熙は幕府の申入れを受け入れた。

そのさい、霊元天皇は、朝廷と幕府の関係についてあれこれ話していた。おそらく幕府への不満や批判を口にしたのだろう。霊元は、それまでの天皇と異なり、自身の考え方を貫こうとするところがあり、その行動を警戒し規制しようとする幕府との間で軋轢を生じさせたほどである（後述一六〇～一六一頁参照）。

霊元は後白河に似る

ところが、霊元は今度の降嫁の件で、「公武御合体、御本望の有り様」であり、その態度、姿勢が大きく変わっている。基熙は、幕府べったりになった霊元の対幕府姿勢の変貌ぶりを批判し、「末代の至り、朝廷の衰微」と嘆き、深いため息をつくとともに、「後白河院の昔に似るか、恐るべし恐るべし」とまで書く。

後白河《ごしらかわ》天皇（一一二七〜九二。在位一一五五〜五八）は、二条《にじょう》天皇に譲位後、二条・六《ろく》条《じょう》・高倉《たかくら》・安徳《あんとく》・後鳥羽《ごとば》の天皇五代三四年にわたって院政をしき、嘉応《かおう》元年（一一六九）に法皇になった。その間、保元《ほうげん》・平治《へいじ》の乱、いわゆる源平の合戦など、政治的混乱と戦乱が続き、同時代の藤原信西《ふじわらのしんぜい》（通憲《みちのり》）から「和漢の間に比類なきの暗主《あんしゅ》なり」、九条《くじょう》兼実《かねざね》から「法皇、黒白を弁《わきま》えず」、源頼朝《みなもとのよりとも》から「日本一の大天狗」などと評された。近衛基熙は、おそらくこのような後白河への批評を念頭において、霊元を評したと思われる。

霊元、降嫁を内諾

七月九日付の武家伝奏両名から老中松平信庸あての書状により、八十宮の降嫁は事実上決定されたが、あくまでも内々の決定だった。その書状の文面は次のようなものだった。『公全公記』七月九日条を現代語訳にして示すと、次の通りである。

降嫁の件を内々で法皇にお話ししたところ、法皇は、二歳の姫宮がいる、いよいよ公武合体になり満足、とお考えである、手続きとしては、表立って京都所司代水野忠之《ただゆき》から法皇へ申し上げ、その件を披露したうえで、天皇に相談され、摂家へもお話された後に正式の返答をする、と指示されました。

霊元法皇が降嫁を内諾した、という主旨である。幕府と霊元法皇との内々の「契約」、内諾だった。これを踏まえて、朝廷と幕府の間の公的な手続き、すなわち老中→京都所司代→武家伝奏→天皇・法皇という手続きを進めることになる。

老中松平信庸から、八月八日に、七月九日付の武家伝奏書状への返書が届いた（『公全公記』八月八日条）。その返書は、武家伝奏書状のことを一位様と月光院に伝えたところ、「忝《かたじけ》なく大慶《たいけい》」とのことだった、御日柄を撰んで表立って所司代水野忠之から申し入れます、という文面だった。霊元法皇は、これを聞いてご満悦だったという。武家伝奏は、この松平信庸書状への返書は無用と考えたが、丁寧にも法皇は返書を送るよう指示した。そして、法皇は武家伝奏が幕府とのやり取りを首尾よく果たしているとご機嫌で、祝い酒を賜ったほどである（『基長卿記』八月八日条）。

正式な降嫁要請

幕府から朝廷への表立った降嫁の申入れは、九月六日付の老中奉書によりおこなわれた。それは、戸田忠直《とだただなお》ら六名の老中全員が名前を連ねた、所司代水野忠之あての老中奉書である。九月一二日に、所司代水野がこの老中奉書を持って参内し、武家伝奏に見せた。これが、表立った申入れのやり方である。その老中奉書の文面は、次のようなものであった（『公全公記』九月一二日条。現代語訳）。

法皇様の姫宮に相応の方がおられたら、公方様へお輿入れのことを、老中一同が願っております。一位様と月光院様も内々で同じようにお考えです。姫宮の中に相応の方がいらっしゃらなければ、しかるべき方を法皇様の養女にされてお輿入れするようにしていただきたい。このことを武家伝奏に申し入れますので、叡慮《えいりよ》を伺われるようにと思います。

老中が、法皇姫宮の将軍家継への降嫁を正式に申し入れた文書である。所司代水野は、幕府ではこの件をまだ三家へも披露しておらず、この老中奉書による申入れへの回答があってから御三家へ披露する手順なので、江戸で披露したことを伝えるまで、京都では内密にするように、と申し入れている（同前）。

武家伝奏は仙洞御所に行き、老中奉書の件を伺うと、霊元法皇は、回答内容を口上で伝え、その回答に幕府から了承の書状が来たら、これを天皇に伝え、摂家へも話したうえで、正式な返事を出す、という手順を指示した。老中奉書への回答は、口上でおこなうが、九月一二日付の武家伝奏両名からの文書も作成した。その文書は、老中奉書の件を霊元法皇にお伺いしたところ、まずもってめでたい、当年二歳の姫宮がいる、いよいよ「公武合体」になりとくに満足、とお考えで、この件を進めるようにとの指示があり、このことを伝えるようにと仰せです、という内容だった（『公全公記』九月一二日条。以下も同じ）。

武家伝奏は所司代を訪れ、この文書の内容を口上で伝えて奉書への回答とした。所司代は、法皇が幕府の申入れをめでたく満足にお考えである、とだけ江戸へ伝え、それへの幕府からの返事が来たら正式に申し入れる、と答えた。

霊元法皇「逆鱗」

武家伝奏は、所司代邸から戻り、ふたたび仙洞御所に参り、所司代との件を申し上げた。九月一二日付の伝奏の文書に、「この件を進めるようにと指示がありました」という文言が入っていることが問題になり、法皇は「逆鱗《げきりん》」の様子だったという。これは、院伝奏両名、すなわち梅小路と東園の説明の誤りが原因という。法皇は、所司代が江戸に書状を送るのを止めさせるよう指示するなど、かなり慌ただしい事態になった。

法皇は、降嫁の要請はめでたい便りと満足に思っているが、幕府はこの件を御三家にも話していないとのことなので、三家へも説明し了承を得たうえで再度要請して来るならば、天皇と相談し、摂家へも話したうえで返事をする、と所司代水野へ申し伝えるように指示した。翌九月一三日の朝、武家伝奏は所司代邸へ行き、昨晩の霊元法皇の指示を申し入れ、その了承をとった。

幕府内部のことを指示できない

武家伝奏が仙洞御所に行くと、法皇は昨晩の指示の修正を求めた。それは、幕府は三家へ降嫁の件を披露し、その了承を得てから再度要請するように、と申し入れるのは、幕府内部のことを朝廷の方から指図することになるので、それを削除するようにとのことだった（「昨晩は、三家の事も仰せ付けられ候へども、関東の義を此方より御差図遊ばされるように候あいだ、除き候て申し遣わすべく候」）。幕府への法皇の最終的な指示・返事の内容は、次のようなものだった（『公全公記』九月一三日条。現代語訳）。

法皇姫宮の内に相応の方があれば将軍への入輿を老中たちが願い、一位様と月光院殿も内々でそのようにお考えであるという趣旨の幕府の願いについて、法皇のお考えを伺うと、法皇から、まずもってめでたい便りであり満足に思う。当年二歳になる姫宮がいるので、まずこのことを幕府に申し送り、追って幕府から何か言ってくることがあれば、そのうえで天皇に相談し、摂家にも話したうえで返答する。

このような幕府と法皇側とのやり取りを経て、結局、すでに紹介した九月二三日の正式決定になったのである。

正徳五年一二月六日に、八十宮のための御殿を、女御御里屋敷《にょうごおさと》内に造営することが決まった。翌正徳六年二月九日、将軍の使者として老中阿部正喬が仙洞御所に参上し、「結納」の儀式を済ませた。しかし、同年四月三〇日に将軍家継が死去（八歳）したため、八十宮の関東下向、すなわち降嫁は中止された。享保元年（一七一六。正徳六年六月二二日に改元）七月二日に、幕府は、八十宮に合力として五〇〇石の領知を進上した。

鎌倉将軍、室町将軍に皇女の降嫁の先例はなく、徳川将軍にも先例はなかった。朝廷が先例として持ち出したのは、醍醐《だいご》天皇（在位八九七〜九三〇）の皇女で、延喜《えんぎ》元年（九一八）誕生の韶子《しょうし》内親王と、延喜九年生まれの普子《ふし》内親王の二名である。韶子内親王は初め大納言源清蔭に嫁ぎ、次いで河内守橘惟風と再婚、普子内親王は初め参議源清平に嫁ぎ、次いで和泉守藤原俊連と再婚した。このように、八十宮降嫁の先例として霊元法皇側が提示したのは、醍醐天皇の二名の皇女だった。これが、徳川将軍への降嫁の先例になると、摂家たちも了解したらしい。

元禄〜正徳期の朝廷と幕府

閑院宮家の創設と八十宮の降嫁、という朝廷と幕府の関係に関わる大きな出来事を、元禄から正徳期の朝廷と幕府の関係のあり様から見る必要がある。

徳川家康と後陽成《ごようぜい》天皇（在位一五八六〜一六一一）、徳川秀忠と後水尾天皇（在位一六一一〜二九）の軋轢や対立は、江戸時代前期の朝廷と幕府の関係を象徴した。江戸時代的な朝廷と幕府の関係が、いくつかの事件や摩擦を経て安定する過程だったこと、朝廷と幕府双方が、その体制の安定、確立する途中だったことなどが要因で、かなり緊張した関係にあった。

元禄から正徳期に幕府と相対した天皇は、霊元天皇（在位一六六三〜八七）だった。後水尾天皇以降の明正《めいしょう》（女性天皇）、後光明《ごこうみょう》、後西《ごさい》天皇は、いずれも後水尾の皇子女で、霊元天皇も後水尾の第一九皇子で、皇位についた最後の皇子だった。霊元天皇の朝廷運営はかなり強引で、関白や大臣たちが了承していない事柄でも、叡慮だから、あるいは幕府は関係ない、などと決定することがたびたびあったと言われる（以下、村和明『近世の朝廷制度と朝幕関係』第Ⅱ部、山口和夫『近世日本政治史と朝廷』第二部第二・三章による）。

霊元上皇の強引な朝廷運営

そして、霊元天皇は早く子の朝仁《あさひと》親王（のち東山天皇。在位一六八七〜一七〇九）に譲位し、上皇になって「院政」を始め、相対的に自由な立場で朝廷を運営しようと試みた。しかし、幕府は貞享《じょうきょう》四年（一六八七）の霊元天皇譲位にあたり、上皇が朝廷運営に口出ししないように要求した。それは、幕府が「院政」そのものに抑制的であり、加えて霊元天皇の強引な朝廷運営に警戒の念を強くしていたからだった。

霊元上皇は、元禄四年、成長した東山天皇に朝廷政務の委譲を迫られたさい、関白、武家伝奏、議奏《ぎそう》という禁裏御所の執行部から、誓詞血判《せいしけっぱん》を差し出させる前代未聞の措置を実行した。天皇と天皇家（皇室）への忠節と奉公を求め、武士（江戸幕府）と懇意にして媚《こ》びへつらうな、という主旨だった。朝廷内部では、霊元に冷遇された近衛基熙を筆頭に、霊元に批判的な公家も多かった。基熙は霊元のことを「天魔」とまで言い切っている。霊元の強引な朝廷運営は幕府の耳に入り、幕府は貞享四年に、譲位にあたり朝廷政務に介入するなと申入れたことが守られていない、と強い警告を発した。

大嘗祭再興をめぐる軋轢

霊元は、朝廷儀式、神事など朝儀再興に力を注ぎ、応仁の乱を境に中絶していた石清水《いわしみず》八幡宮《はちまんぐう》放生会《ほうじょうえ》を延宝《えんぽう》七年（一六七九）に再興し、貞和《じょうわ》四年（一三四八）以来中絶していた皇太子冊立《さくりつ》の儀（勅命により皇太子を立てること）を再興し、次いで皇太子朝仁親王の即位儀礼の一環として、文正《ぶんしょう》元年（一四六六）年以来中絶していた大嘗祭《だいじょうさい》を、貞享四年に再興させた。いずれも幕府と交渉し、その許可を得たものである。しかし、この大嘗祭再興は、朝廷内部に亀裂を生んだ。

幕府は、皇太子冊立の儀の再興を認めるさい、今後おこなわれる皇太子の元服以下の諸儀式には、別途の経費を要求しないことを条件とした。霊元は大嘗祭再興について、皇太子から即位した天皇は必ず挙行する、と主張し幕府とねばり強く交渉した。霊元は、譲位と即位礼の経費を削り、その剰余金で大嘗祭の儀式を簡略にして挙行する、つまり幕府に新規の財政負担を求めないから再興して欲しい、と訴えたのである。それでも幕府は、霊元天皇即位が良い先例で、そのさいも大嘗祭をおこなわなかったのだから、今回も必要ないと反対した。霊元はそれでもねばり、幕府はその執拗な要請に折れて、簡易な大嘗祭にすることを条件に承認した。後土御門《ごつちみかど》天皇が文正元年に挙行して以来、二百数十年ぶりの再興という壮挙だった。

しかし、幕府から大嘗祭経費の援助がなかったため、儀式は簡略化された不備なものにならざるを得なかった。略式の大嘗祭への批判とともに、儀式を支えた人びとへの手当（「下行《げぎょう》」）があまりに少なかったため不満が渦巻いた。譲位・即位の経費を削って大嘗祭をおこなったので、一儀式分の費用で二つの儀式を賄ったようなものだった。

当時、左大臣の近衛基熙は、大嘗祭にとって重要な御禊行幸《ぎょけいぎょうこう》（天皇が大嘗祭の前に、加茂川で禊《みそ》ぎをすること）が省略されたことを重く見て、「神慮に適《かな》わない」と再興中止を申し入れ、霊元の兄の堯恕《ぎょうじょ》法親王（妙法院住職）は、今度の大嘗祭は朝廷も幕府も誰一人納得していないし、簡略な儀式では神を欺くものだ、と批判した。あまりの手当の少なさに悲鳴をあげた地下《じげ》官人たちの訴えを聞いた京都所司代は、大嘗祭などやめればよいのだ、と答える始末だった。

朝廷内に深い亀裂を生んだため、次の中御門《なかみかど》天皇の時には大嘗祭はおこなわれず、ふたたび中断した。幕府は霊元上皇に警戒の眼を向け、朝廷内部では霊元と近衛基熙が対立する構図が続いた。

幕府の朝廷融和策

霊元の後の東山天皇（在位一六八七〜一七〇九）は、「天皇の御為」と「将軍の御為」に働くという、幕府との協調と宥和をめざした関白近衛基熙に支えられ、幕府の力も借りながら霊元の影響力を排除して朝廷を運営した。将軍綱吉の治世の前半は、霊元への警戒もあり、その求める大嘗祭再興などに否定的であり、執拗な要望に折れて再興を認めたが、経済的な負担を拒否した。その背景には、元禄貨幣改鋳に踏み切るほどの幕府財政の困難という事情もあった。

元禄一〇年に、側用人柳沢吉保《そばようにんやなぎさわよしやす》の家臣で儒学者の細井広沢《ほそいこうたく》（一六五八〜一七三五。著書に『諸陵周垣成就記《しょりょうしゅうえんじょうじゅき》』）の建議をうけ、荒廃した天皇陵の修理と、どの天皇の陵か不明になっていたものについて調査をおこなわせ、天皇陵に垣墻《えんしょう》（垣根、柵）をめぐらして保護を加えた。これは、朝廷側の要請ではなく、幕府独自の措置だった。

綱吉の治世の後半になると、幕府は朝廷に積極的な経済援助をおこなうようになった。天皇と能楽では、後西天皇が「べっして猿楽を好まる」（『基量卿記』）と記憶されている。確認できる猿楽御覧の回数はそう多くないが、以前の天皇と比較してのものだろう。和歌と有職故実の権威であり、天皇に諫言するほどの硬骨漢、三条西実教《さんじょうにしさねのり》が、「能楽はよろしくないと強く誹謗するため、近年はまったくおこなわれない」（『基熙公記』）と書かれているように、禁裏御所での霊元天皇の能御覧はほとんどなかったらしい。

しかし、東山天皇の「内々の御所望」をうけた幕府は、「御慰《おなぐさ》みのため」という理由で、元禄一〇年に年二回の能御覧を承認し、おこなわれるようになった。また、霊元上皇の仙洞御所でも定期的な能御覧があった。幕府は元禄一六年に、「御能御覧料米」として一〇〇〇石を進献している。これは、「能狂」将軍綱吉から、能を好んだ東山天皇への贈り物と言えるのではないか。ただ、関白近衛基熙は、御能御覧料より御音楽料ならなお珍重と書き、批判的である。能楽をめぐっては、幕府内部では白石、朝廷内部では近衛基熙のような批判派が存在した。

幕府は、宝永二年（一七〇五）に禁裏御料一万石（合計三万石）、翌宝永三年に仙洞御料三〇〇〇石（合計一万石）、宝永四年に内侍所《ないしどころ》御料一五〇〇石をそれぞれ増進し、朝廷に大幅な経済的支援をおこなった。幕府財政状況と関連し、綱吉治世の前半は財政的な負担増を避けたが、治世後半では、禁裏御料と仙洞御料の大幅な増額による財政支援をおこなった。朝廷と幕府の関係が安定期に入ったことを示すのだろう。

霊元院政の復活

東山天皇は、宝永六年六月に幕府の承諾を得て譲位し、中御門《なかみかど》天皇が即位した。幼少（九歳）の天皇を「院政」により後見するはずだった東山上皇は、譲位半年で急逝した。その結果、霊元上皇は中御門天皇を後見する役割を幕府からも求められ、霊元院政が復活した。霊元は、議奏から誓詞血判を提出させたが、天皇・上皇、天皇家への忠節と奉公を求めただけで、元禄四年の誓詞血判にあった、幕府に媚びへつらうな、という条項はなかった。近衛基熙へも、辞任した太政大臣の後任に基熙の子で摂政の家熙《いえひろ》を任じ、さらに、基熙の娘尚子が中御門天皇の女御に入内《じゅだい》するなど、近衛家とも表面上は融和的だった。

しかし、霊元上皇の近衛家への批判、憎しみは強かった。そのことは、下御霊社《しもごりょうしゃ》に将軍の力による近衛家の排除を願った、霊元法皇自筆の享保一八年の願文《がんもん》に明らかだ。この時期の幕府と朝廷の関係も、霊元と近衛家との対立を踏まえて見てゆかなければならない（山口和夫『近世日本政治史と天皇』第二部第四章）。

幕府による天皇権威の利用

朝廷と幕府の関係は、元禄期前半の霊元への警戒から、宝永期の大幅な経済的支援と融和的なものに変わった。さらに、わずか四歳の鍋松が七代将軍になる事態を迎えた。鍋松に実名《じつみょう》（諱《いみな》）をつける必要があるが、実名は上位者が下位者につける慣例だったので、将軍になる鍋松に実名をつけられる武家はいなかった。そこで幕府は、霊元法皇に「御名の字」を要請し、霊元は、白石が撰んだ「家継」の名を書き付けて幕府に贈った。徳川将軍の中で、天皇・上皇が名付け親になった唯一の将軍である。

正徳四年四月の徳川家康百回忌法要には、霊元法皇宸筆《しんぴつ》の経文が下賜され、法要の荘厳化に役立てられた。このような朝廷と幕府、霊元と幕府の関係の中で、八十宮降嫁が実現した。将軍とはいえ、幼児ではいかにも権威が弱い。法皇から実名の付与、そして皇女の降嫁、いずれも幼児将軍に権威をつけるためである。幕府による天皇（霊元法皇）利用であり、幕府のすりよりだった。これは、幕府から求めた「公武合体」であり、霊元も、元関白太政大臣の近衛基熙らの強い批判をうけながらも、みずからの利害もからんで、「公武合体」でめでたい、と承諾したのである。

幕府からすれば天皇の政治利用だが、白石にとっては「天命維新」のため、皇室再興に尽力した神祖家康の徳を継承する方策の一つだった（以上、詳細は藤田覚『江戸時代の天皇』）。

貨幣復古の政策——家康の徳を継ぐ（二）

家宣は家康の徳を継ぐ

第六代将軍家宣は、正徳二年（一七一二）一〇月一四日に逝去した。そして、諸大名らに一〇月九日付で家宣の黒印の捺された「御遺書」が公表された。それは、

不肖の身　東照宮の神統を承《うけ》しよりこのかた、天下の政事、常に　神徳に嗣《つが》ん事をもって心とす。しかるに在世の日短くして、その志の遂げざる事、今に及んでいふべき所をしらず。（「被仰《おおせ》出《いだされ》留《とめ》」七。『徳川実紀』第七篇、二四九頁）

という文章から始まる。つまり、徳川家康の血筋をうけた身として、家康の神徳を継ぐことを志したが、わずか四年の短い在職のため、その志を遂げることができず無念である、

と。そのあと、今の世の人は、徳川家創業から太平一〇〇年の間に生まれ、大人になったことは、みな東照宮の神恩のお陰、という趣旨の文章が続く。諸役人へも、神恩を忘れず幼君への奉仕を求める遺言が伝えられた。

上野沼田藩士の藤川貞《ふじかわただし》（整斉《せいさい》）が、天保《てんぽう》九年（一八三八）四月に菊池大助所蔵本を写した『新令句解《しんれいくかい》』（「文廟御制条并御歌」「同御遺言」「同御顧令」「同御遺令」「同御伝略」が収められている）によると、「御他界の前日、諸大名惣出仕《そうしゅつし》の席にて、新井君美（白石）これを読むとかや、此文は、君美密旨を奉《ほうじ》て草《そう》する所也」と注記がある。「御遺言」は、白石が内命をうけて草案を書いた可能性は高い。

この「御遺言」で注目すべきは、家康の「神徳」を継ぐ、という点である。すでに説明したように、白石は、家宣が将軍を継承することになった直後の宝永六年正月二七日に、天命再降下（「天命維新」）のためには、家康の徳を継ぐほかない、と勧告した。家宣の治世は、神祖家康、東照宮の神徳を継ぐことを意識したものだった。

貨幣復古の遺命

家宣が死去の直前に決断した政策に、貨幣復古がある。元禄八年から始まった、慶長金銀の質を落とした金銀改鋳策を止め、もとの慶長金銀と同じ質の貨幣（正徳金銀・享保金銀）に戻す貨幣復古政策への転換である。これは、

「文廟御遺命《ぶんびょうごいめい》（遺令《いれい》）」と呼ばれる一〇月一一日付の遺言による。

この「御遺命」は、「荻原重秀《おぎわらしげひで》が免職させられたのち、新たに銀貨を鋳造することを停止され、金銀のことを天下の人びとともに相談されることを仰せつけるための草案を私に求められ、それを一一日に下付するとのことを九日に老中に仰せつけられた」（桑原訳二〇三頁）と書くように、白石が草案を執筆した。そのため、「文廟御遺命」には、白石の貨幣復古についての考え方が盛りこまれている。

家康の神慮・徳

その冒頭には、次のように記されている。

昔からわが国は金銀の産出が少なく、そのため天下の資産が乏しいことは、人びとが聞き伝えている。しかし、東照宮が治世を始めた慶長七年になり、天運の時が至ったのか、神徳に感応したのか、天下の宝の山が一時に開き始め、金銀が産出したことは、わが国の歴史が始まって以来初めてのことである。これによりすべての人びとの資産が豊かになっただけではなく、数多くの外国人が金銀を求めてわが国にやって来た。それによりわが国が必要とする物資も豊富になって今日に至ったのは、すべて東照宮のお恵みなのである。

（著者の現代語訳。「被仰出留」七、『御触書寛保集成』一七九七号）

人びとが今日の満ち足りた生活ができるようになったのは、東照宮（徳川家康）の神徳のお陰であると強調している。

金銀の大量産出と家康の天下統一

すでに説明したように白石は、家康は天から賜った知恵と勇気、先祖の積徳により天下を平定した、と理解した。また、家康の治世が始まると、大量の金銀銅が産出し、わが国の富と宝が飛躍的に豊かになるという「奇跡」が起こったのは、天地が家康の功業を助けた結果と言う。

白石は、宝永六年執筆の「本朝宝貨通用事略」（『新井白石全集』第三、六六八〜六七五頁）の中で、まず、わが国における金、銀、銅の産出の歴史をたどる。以下の歴史は、白石の知識、理解である。

天武《てんむ》天皇三年（六七四）に対馬国から銀が産出、和銅《わどう》元年（七〇八）に武蔵国より銅、天平《てんぴょう》二一年（七四九）に陸奥国より黄金献上、これをわが国に金銀銅が初めて産出した年とする。その後、諸国より産出はしたがその数は少なく、国家の財政も豊かではなかった。

しかし、佐渡金銀山は慶長六年から銀の産出が激増（相川《あいかわ》鉱山が開発され、世界屈指の銀産出鉱山になった）、石見《いわみ》銀山は慶長六、七年頃から金（白石は金と書くが、実際は銀）の産出が飛躍的に増加（慶長六年から代官大久保長安《おおくぼながやす》の手により産出量が激増）、伊豆金山は慶長一一年頃から産出が激増（土肥《とい》金山は、慶長一一、一二年に最盛期）、陸奥南部の金山は慶長一三年頃に最盛期を迎えた。

白石が言うように、実際に銀の産出量が激増し、一七世紀初頭には、世界全体の三分の一から四分の一の銀が日本産と言われるほどだった。その金銀山のいずれも、慶長五年の関ヶ原の戦い以降、慶長六年から慶長一一〜一三年頃にかけて産出が激増した。

白石は、関ヶ原の戦後に金銀が大量に産出したこの歴史を踏まえ、次のように書く。

家康の恩徳

謹みて按《あん》ずるに、佐渡・石見・伊豆・奥州の南部より金銀を出せし事、古《いにしえ》にきかず。当家（徳川家）世をしろしめされし初《はじめ》より出し事、本朝の古よりついに聞かざる所なり。これよりこのかた百年の今に至りて、我国の金銀万国にすぐれ多くして、財用のゆたかなる事、ひとり我国の古にためしなきのみにあらず。外国にも類《たぐ》ひなき事ども也、今の代《よ》の人、かゝる事をもしらずして、神祖《しんそ》（家康）の恩徳、我国万代の後までに至るべき御事をもしらず。口惜《くちお》しき事なり。また、これによりて我国天地の運《うん》、慶長五年より新たに開らけ初りし事をもしりぬ。さらば、聖子神孫よく祖業を守らせ給《たま》ひ、天下の貴《とう》き賤《いや》しきおの〱その所を得《え》せしめ給《たま》はゞ、神祖の御後は天地と共に久しかるべき事、うらなはずして知ぬべき御事なり。

（「本朝宝貨通用事略」『新井白石全集』第三、六六九頁）

すでに紹介したように、白石は、『藩翰譜《はんかんふ》』の凡例に、「関が原の戦い終わりて後、天命一たび改りて」と書き、慶長五年の関ヶ原の戦いの勝利で、天命が革《あらた》まり家康は天命をうけたと理解した。白石は、慶長五年を重要な画期の年と位置づけ、それと金銀の大量産出を結びつけたのである。

徳川家が天下を支配するようになった初めから、金銀の産出量はそれまでと比較にならないほど激増した。金銀の産出量は世界諸国の中でも多く、富の豊かなことはわが国に先例がないだけではなく、外国にも例がない。今の人びとは、このような事実も知らず、家康のお恵みがわが国に末永く及ぶことも知らないのは、まことに残念である。また、この事実から、わが国の運は、慶長五年、すなわち関ヶ原の戦いに勝利し、徳川家の代になって新たに開かれたことがわかる。であるから、家康の子孫たちが、神祖の始めたことを守り、国中の人びとがそれぞれふさわしい地位や職につくことができるよう措置するならば、徳川家の代は永遠に続くだろうことは、占わなくともわかる、と言う。

家康の死後も、ところどころから金銀の産出はあったが、その数はわずかなものだったとも書く（同前六六九頁）。白石は、世界に比類のない量の金銀が産出し、国と人民が豊かになったことと、家康が天下を平定し治世を始めたこととを結びつける。関ヶ原の戦い後に産出した大量の金銀は、天命をうけた家康の天下平定がもたらした「奇跡」、家康の恩徳がもたらしたものであり、「祖業」を守ることが徳川家永続につながると言う。

しかし、白石が幕府政治に関わった家康没後一〇〇年が近づいた頃は、家康の徳が生み出し、国を豊かにした巨額な金銀が乏しくなるという事態を迎えた。白石にとって、二度にわたる将軍家血筋の断絶とともに、さしもの家康の徳も一〇〇年たって衰えてきたことを示すものだった。

家康の徳の衰え

白石は、国内の金銀銅の量が乏しくなった原因を、海外への流出と理解した。慶長六年から元禄八年までの九四年間で、大判《おおばん》・小判《こばん》・一分判《いちぶばん》などの金貨の鋳造数は七〇〇〇万両、丁銀《ちょうぎん》・豆板銀《まめいたぎん》などの銀貨の鋳造量は八〇万貫と推定する。次いで、慶長六年から宝永五年までの一〇七年間の金・銀の海外流出量と現在の有高を、次のように推定している。

海外流出金	六一九万二八〇〇両	現在有高	慶長金で二〇〇〇万両
海外流出銀	一一二万二六八七貫目	現在有高	慶長銀四〇万貫目

金は、現在の有高の三分の一、銀は、有高の三倍ほどが海外へ流出した。金と銀は、人間にたとえると骨にあたり、一度折れて抜けると二度と生じない。このような国の宝を、人命を救う不可欠の薬種など以外の、無用な衣服や玩具のために失うのは惜しい。今こそ、神祖家康の「御心を御心」とする心得が重要と提言する。ここから、金銀の海外流出を抑制する貿易制限策が提起される。それが、正徳五年発令の長崎新例《しんれい》（正徳新例・海舶互市《かいはくごし》新例）である。家宣、家継期の政策の多くを引き継がなかった八代将軍吉宗は、長崎新例は「良法」として継承し、この法令の基本原則は、幕末まで受け継がれた。

貨幣の復古策

「文廟御遺命」は、貨幣復古の必要性を縷々《るる》説く。金銀は、海外への流出と火災による焼失、神社仏閣、衣服器財への消費などにより、九十数年の間にその大半を減らしたため、金銀の通用がかつてより悪化した。そこで元禄年中（一六八八～一七〇四）に貨幣を改鋳し、通用の金銀は倍増した。しかし、金銀貨の品位は東照宮の定めたものから大きく下がった。そのため、年々、金銀の価値は下がり物価が高くなり、人びとは難儀している。この事態の解決を、将軍就任の初めから心にかけてきたがなかなか難しく、今まで実現できなかった。しかし、「年来　御本意」のように、すみやかに金銀の品位を慶長金銀に戻し、天下の難儀を除くよう命じている。

そして、その末尾に「御本意」が繰り返される。

いずれにしても、金銀のことはわが国永久のため、東照宮の定め置かれた法に戻すべきというのが本意なので、天下の人びとはこの主旨をよく考えるように、と仰せ出された。（著者の現代語訳。「被仰出留」七、『御触書寛保集成』一七九七号）

元禄以来の金銀改鋳を止め、東照宮が定めた慶長金銀へ復古させることが、家宣の遺言として公表された。幕府内部でさまざま議論があり、すぐに貨幣復古に取りかかれなかったが、正徳四年に正徳金銀への改鋳が公表されて着手され、八代将軍吉宗もこれを引き継ぎ、元文《げんぶん》元年（一七三六）に元文金銀へ改鋳まで継続された。

元禄貨幣改鋳と白石

幕府は、元禄八年から、それまで通用の慶長金銀の質（品位）を下げた元禄金銀への改鋳を開始した。この貨幣改鋳の理由について、古くから、①金銀座の救済、②流通貨幣の増加策、③幕府財政の補塡、の三点があげられてきた（栗田元次「元禄以前に於ける江戸幕府財政に就いて」）。この元禄貨幣改鋳を推進したのが、勘定奉行（頭《かしら》。この時期は頭が一般的だが、本書では奉行を使用）荻原重秀《おぎわらしげひで》である。

貨幣改鋳は、全国的な経済発展による貨幣需要の増大という社会の要請に応えようとした合理的な政策、と評価される（大石慎三郎『元禄時代』）。また、質の悪い貨幣の大量鋳造は、物価騰貴をまねいたと言われてきたが、改鋳後の一一年間の名目米価上昇は年率三パーセントに過ぎないとして、物価騰貴説にも疑問が投げかけられている（村井敦志『勘定奉行荻原重秀の生涯』）。これらは、荻原重秀の経済政策を高く評価する説であり、元禄貨幣改鋳を激しく批判し、慶長金銀へ復古させた新井白石は、経済発展の動向に逆行した空理空論の主張者と評されている。

元禄貨幣改鋳の理由

改鋳理由の①は、銀座が、銀産出量の減少により銀貨鋳造量が減ったため経営が立ち行かないと訴え、元禄五年に、銀貨の質を落とし数を増やす鋳造を願い出たことである。②の貨幣流通量の増加が社会的要請であったことは、元禄八年八月に改鋳開始を発表した触書（『御触書寛保集成《おふれがきかんぽうしゅうせい》』一七五七号）に、改鋳理由として「金貨銀貨の極印《ごくいん》（正貨であることを保証する金座・銀座の印）が古くなり不鮮明になったので鋳造し直す、また、近年、鉱山から産出する金銀が少ないため、世間に流通する金銀貨も減ったので、金銀の品位を直して、流通する金銀貨を増やす」（現代語訳）と盛りこまれた。流通する幕府発行の金貨銀貨の不足を、領内限りで通用する金札、銀札などの藩札《はんさつ》の発行により補っていた事実があり、幕府は宝永二年八月にその実態調査

図17　小判の比較（原寸の90%、右写真が表）

慶長小判（日本銀行所蔵）

元禄小判（同所蔵）

宝永小判（同所蔵）

正徳小判（同所蔵）

をしているほどである（『御触書寛保集成』一三八四号）。

流通貨幣の数が貨幣経済の発展により不足してきたのは事実であり、元禄貨幣改鋳には、経済的要請に応える面があった。改鋳の公式の理由には②を掲げ、①と③は隠された。

財政補塡策としての貨幣改鋳

豊富な金銀の産出と活発な貿易の利益による豊かな幕府財政は、寛文年間（一六六一～七三）頃から単年度では赤字になり、金蔵に蓄えられた金銀を鋳造して補った。幕府発注の建築・土木工事や物品調達に入札を導入するなど歳出削減を図ったが、元禄期になると財政悪化に拍車がかかった。表2は、元禄五、六年頃とその一〇年ほど以前の平均的な財政支出を比較した表である。

表のA・Bともに、歳入は、米二一六万八七〇〇俵と金五六万二二七〇両、金換算で一一七万両と想定され、Aの歳出は八八万三〇一六両、Bは一二七万四五六四両となっている。収支は、Aが二八万六三〇〇両余の黒字で、結論は「平均的な歳出ならば、これほど黒字になる」であり、Bは一〇万四五〇〇両の赤字になる、と書かれている。

元禄七年に、幕府内部で幕府財政に関する評議があり、近年と一〇年以前の財政状況について作成されたのが、表2のもとになる資料だった。一〇年以前は二八万両を越える黒字、しかし、近年は一〇万両を越える赤字という結論だった。赤字になったのは、「納戸《なんど》

表２　元禄期の幕府財政歳出比較表

費　目	A（両）	%	B（両）	%	指数
切米役料	369,600	41.8	398,000	31.2	108
扶持合力他	56,840	6.4	67,368	5.3	119
合　力	26,200	3.0	55,580	4.4	212
納　戸	57,900	6.6	150,560	11.8	260
細工方	2,300	0.3	11,400	0.9	496
賄　方	34,544	3.9	24,370	1.9	71
作　事	43,900	4.8	268,500	21.1	612
所々作事	9,900	1.1	12,080	0.9	122
小細工方	15,600	1.8	12,280	1.0	79
畳　方	3,800	0.4	9,870	0.8	260
万入用	20,300	2.3	17,300	1.3	85
二条大坂他	141,564	16.0	141,564	11.1	100
在々入用	100,568	11.4	105,692	8.3	105
合　計	883,016	100.0	1,274,564	100.0	144
収支（▲赤字）	286,300		▲104,500		

（出典）「御蔵入高并御物成元払積高」（東京大学史料編纂所所蔵．拙稿「元禄期幕府財政の新史料」『史学雑誌』90－10，大野瑞男『江戸幕府財政史料集成』上，6～8頁）．

（注）Aは天和２～３年（1682～83）頃の平均的な歳出額．Bは元禄５～６年（1692～93）頃の平均的歳出額．指数はAを100とした時のBの数．

方《がた》」の九万三〇〇〇両余、「所々作事《さくじ》」の二二万五〇〇〇両余の増加が理由だった。「納戸方」は、将軍の衣服や調度品、「所々作事」は、江戸城内御殿の修復、寺社の造営・修復の費用などである。この費目にメスを入れ、支出を一〇年前の水準に戻せば黒字化が可能というのが、いわば財政緊縮派の意見であろう。結局、この赤字が続く財政を貨幣改鋳の増収による解決に踏み切ったのである。おそらく、貨幣改鋳による財政運営を主張する荻原重秀ら積極財政派が、財政緊縮派を押し切ったのだろう。

貨幣改鋳の利益

表3は、慶長から正徳までの貨幣鋳造を一覧にしたものである。

表の④の元禄小判は、①の慶長小判と同じ重さだが、金の含有量を、

鋳　造　高	通用開始
14,727,055両*	慶長5年(1600)
	慶長5年(〃)
12,000,000貫	慶長7年(1602)
13.936,220両*	元禄8年(1695)
	元禄8年(〃)
405,850貫	元禄8年(〃)
11,515,500両*	宝永7年(1710)
	宝永7年(〃)
278,130貫	宝永3年(1706)
370,487貫	宝永7年(1710)
401,240貫	正徳元年(1711)
213,500両*	正徳4年(1714)
	正徳4年(〃)
331,420貫	正徳4年(〃)

表３　慶長・元禄・正徳金銀発行表

	貨幣名称	定量(匁)	金：銀(千分中)
①	慶長小判	4.760	867.9：132.1
②	慶長一分金	1.190	同上
③	慶長丁銀・小玉銀		800.0
④	元禄小判	4.760	573.7：426.3
⑤	元禄一分金	1.190	同上
⑥	元禄丁銀・小玉銀		640.0
⑦	宝永小判	2.500	842.9：157.1
⑧	宝永一分金	0.625	同上
⑨	二つ宝字銀		500.0
⑩	三つ宝字銀		320.0
⑪	四つ宝字銀		200.0
⑫	正徳小判	4.760	842.9：157.1
⑬	正徳一分金	1.190	同上
⑭	正徳丁銀・小玉銀		800.0

（注）「鋳造高」欄の＊は小判と一分金の合計.

①の一五・〇グラムを一〇・二グラムに三二パーセント減らし、減った分は銀を増やして同じ重さにした。価値が下がったにもかかわらず、元禄小判一両と慶長小判一両とをほぼ等価交換させた。⑥の元禄丁銀・豆板銀は、③の慶長丁銀・豆板銀の銀の含有量を二〇パーセント減らし、減った分は銅を増やして鋳造された。元禄銀も金貨と同様に、慶長銀とほ

ぼ同量で交換された。その差益（出目《でめ》と呼ばれた）が幕府の利益になり、元禄八年から一六年までに幕府が得た出目は、四五二万七八〇〇両にのぼった（栗田元次「元禄以前に於ける江戸幕府財政に就いて」）。

続く貨幣改鋳

貨幣改鋳はさらに続いた。金貨は、宝永七年に、「元禄小判は質が悪く折れたりして通用に不都合なので、品位を慶長小判に戻すが、流通量が減らないよう小形にして鋳造する」（『御触書寛保集成』一七八五号）と説明し、金含有量は慶長小判に近づけたが、重さを約半分にした⑦の宝永小判を鋳造した。重さは半分だが、これも等価交換した。銀は宝永三年に「銀貨不足」を理由に、慶長銀より三八パーセント銀含有量を減らした⑨を、宝永七年に慶長銀より六〇パーセント銀含有量を減らした⑩を、さらに、正徳元年に慶長銀より八〇パーセント銀含有量を減らした⑪を鋳造した。⑪は銀が二〇パーセントしかない銀貨とも言えないほどのもので、さすがに鋳造はわずか一年で停止した。

宝永三年から矢継ぎ早に劣悪な銀貨を鋳造したのは、以下の理由があった。⑨は元禄一六年一一月二三日に南関東で起こった元禄地震の復旧・復興である。江戸城の損傷も大きく、その復旧に多額の経費を必要とした。⑩は宝永四年の富士山噴火、同五年に焼けた禁裏御所や仙洞御所の造営費用、同六年に死去した将軍綱吉の葬儀関係経費と墓所の造営費、さらに家宣の新将軍就任に伴う代替わり儀式の経費、新将軍が日常生活をおくる本丸御殿中奥《なかおく》にある御座所《ござしょ》の改築費などの諸費用の捻出だった。⑪は正徳元年に来日した朝鮮通信使関係の経費とされる。

放漫財政

震災や噴火、大火の復興費用、将軍の死と代替わり儀式、外交儀礼の経費など、さまざまな臨時的経費を貨幣改鋳の出目で賄った。これを担ったのが勘定奉行荻原重秀だった。老中らは財政運営を荻原に頼り切ってその才を誉め称え、加増につぐ加増で蔵米一五〇俵の俸禄を振り出しに、三七〇〇石の大身旗本にまで出世した。将軍家宣すら「徳はないが、才があるように思われる」（桑原訳一九六頁）と評したほどである。

しかし、約四五二万両余にのぼる元禄金銀の改鋳利益は使い尽くされ、その後の、⑦の金貨、⑨⑩⑪の三回にわたる銀の改鋳利益も使い尽くしたらしい。元禄前半期の幕府の歳入は、金換算で一一〇万両にすぎないが、元禄八年から一六年までの改鋳益金は四五二万八〇〇〇両である。その後の改鋳益金の額は不明なので、巨額としか言いようがない。

貨幣改鋳期間の歳出の資料がないため、巨額の改鋳利益の使途はよくわからない。新将軍家宣が宝永六年一一月に西丸から本丸に移るために修築した御座所は七〇万両余、綱吉の墓所、御霊屋《みたまや》造営に二〇万両を使ったと白石は推測する（桑原訳一一〇頁）。高価な材木を撰ぶだけではなく、担当の奉行ら役人および請負業者の不正も加わって巨額になった、と白石は指摘する。あたかも「打出《うちで》の小槌《こづち》」のように、貨幣の質を落とす改鋳を繰り返して得た巨額の利益に依存して、放漫な幕府財政運営を続けた。

物価の高騰

大坂堂島《どうじま》米市場の米仲買商の「浜方記録《はまかたきろく》」には、「元禄銀は慶長銀に劣るが、元禄金が慶長金に劣る割合より低いため、物価はそれほど上昇しなかった、しかし、小形の宝永小判の鋳造、相次いで品位をおとした宝永二、三、四宝字銀の鋳造に、さまざま風評も加わって物価が上昇しただけでなく、小売商が店を数日閉めるようなこともあり、貧民や一人暮らしはひどく苦しんだ。正徳二年秋から、米と雑穀、その他の物価も高騰し、貧民のみならず中以下の暮らしの者まで生活がなりたたず、町も村もひどく困窮した」と記録されている。物価高騰に否定的な見解もあるが、貨幣改鋳と物価の問題は、元禄金銀だけではなく、宝永金銀まで視野に入れて考える必要がある。

白石の荻原重秀弾劾

白石は、荻原重秀を「重秀などは才も徳も二つともとるところがない」（桑原訳一九六頁）、「天地が開けてからいままで、これほど邪悪な小人物は、まだ聞いたことがない」（同前一九九頁）と最上級の表現で非難した。正徳二年に荻原重秀を弾劾し罷免を求めた三回の意見書の中で、「（重秀は）共に天を戴《いただ》かざる仇敵《きゅうてき》」「歳をとり衰えた細腕だが、人一人刺し殺すことにそれほどの力は必要ないと思う」とも書く（宮崎道生『新井白石』一九一頁）。荻原重秀の刺殺すら覚悟するところに、武人白石の心性が現れている。

これほどの怒りと憎しみを抱いたのはなぜか。徳川家、江戸幕府の支配を永遠のものにするには「天命維新」が必要で、そのためには東照宮徳川家康の徳を継ぐほかないと考える白石にとって、「東照宮の定め置かれし法」を破った貨幣改鋳は断じて許せなかった。神祖の徳を継ぐには、慶長金銀に復古することが必須だった。家康の天下平定、治世の開始、家康の徳によりわき出るかのように金銀が産出し、国家と人民の富が豊かになった。膨大な量の海外流出により金銀は減ってしまったが、家康以前の時代とは比較にならないほどの富が残っていた。しかし、白石は、荻原重秀はそれを使い尽くしてしまったという。「御先代（綱吉）のときに、国の財源がつきはてた」（桑原訳一九五頁。原文は「国財の竭《つき》尽《つき》」）、「御代をお継ぎになったはじめに、国家の資産はすでにつきはてて」（同前一九八頁）と、綱吉の時代に、貨幣改鋳と放漫財政により幕府の財源、資産は使い尽くされたと書いている。

白石は、『読史余論《とくしよろん》』の中で、室町幕府八代将軍足利義政《あしかがよしまさ》は、奢侈を好んで国家の財を費やし士風を廃《すた》れさせ、これが二百数十年後の現在にまで及んでいると強く批判した。これは、奢侈を好んで幕府財政を破綻させた綱吉とその時代の風潮とをかさねている。

白石にとって、「天命維新」のため、神祖の徳を継ぐには慶長金銀への復古しかあり得なかった。白石の『改貨議』を見ると、たんに空理空論を主張するのではなく、数字の裏付けを示しながら貨幣復古を論じている。江戸時代後期の経世学者海保青陵《かいほせいりよう》（一七五五～一八一七）は、「白石ト徂徠ハ、世ニ稀ナル学問ノ人々也。（中略）儒者ハ利ヲキラフコト也。サレドモ白石モ徂徠モ、先御勝手（財政、暮し向き）ヲナヲシテ、利ヲ得ル仕方第一也」（『稽古談』『日本思想大系四四　本多利明・海保青陵』二三〇頁）と書き、白石を経済と利益を重視した儒学者として讃えている。

金貨三種類、銀貨五種類が流通する混乱した幣制は、享保期にデフレ、不景気をもたらしたものの、慶長金銀へ復古した正徳金銀（引き継がれた享保金銀）により改善された。

その後の白石――エピローグ

罷免と屋敷召し上げ

正徳《しょうとく》六年（一七一六）四月三〇日、七代将軍徳川家継《とくがわいえつぐ》が死去した。新井《あらい》白石《はくせき》は、「天命維新《てんめい》」のため徳川家康《いえやす》の神徳を継ぐ聖王となすべく家宣《いえのぶ》の侍講《じこう》として奮闘したが、道半ばで家宣は死去してしまった。幼少の家継を聖王とすべく期待をかけたものの、わずか八歳で死去し、白石には「見果てぬ夢」に終わった。その落胆ぶりは想像を絶する。将軍二代の在職七年数か月、老中や荻原重秀《おぎわらしげひで》ら奉行、時には将軍をも激しく批判して一歩もひかず、「鬼」と恐れられ嫌われるほどの気迫で闘い、みずからの夢に邁進した。気骨ある学者白石というより、武人白石という方がふさわしい。ただ、老中や林家《りんけ》の強い反感と怒りをかいながら、なおその地位にとどまれたのは、

図18　徳川吉宗画像（徳川記念財団所蔵）

将軍家宣との「一体分身」というほどの関係と、側用人《そばようにん》間部《まなべ》詮房《あきふさ》の信任によるものであり、それだけがたよりだった。

かわって将軍になるのが徳川吉宗《よしむね》で、家継死去の四月三〇日から後見の名目で江戸城二の丸に入った（図18）。吉宗が将軍になるのは八月一三日の将軍宣下《せんげ》以降であるが、幕府のトップとしての活動は五月から始まった。「此度の御儀、新井氏など別て難儀に御座候」（「兼山秘策」『日本経済叢書』巻二、三〇二頁）と、白石の立場は難しいことになるだろうと予測されていた。白石は、五月一六日には奥詰《おくづめ》を罷免され、非役の平寄《ひらより》合《あい》になり、六月六日には将軍代替わり誓詞《せいし》を提出し、吉宗との間の主従関係を確認する手続きをおこなった。役職は罷免されたが、知行一〇〇〇石はそのまま継続され、身分に変化はなかった。

翌享保《きょうほう》二年（一七一七）正月一六日に、一橋外小川町（現千代田区神田小川町）の建家

と屋敷八〇〇坪を召し上げられ、替え地として内藤新宿六軒町五五八坪（現渋谷区千駄ヶ谷五丁目）を下された。早くも二三日には引き渡すことを命じられ、替え地には建家がないため、深川一色《いしき》町（現江東区福住一丁目）の借屋を仮宅として引っ越した。ちょうどその日、小石川筋に失火があり、小川町の屋敷も類焼したものの、三つの蔵のうち中が空の蔵が一つ焼け、二つは焼け残った。深川一色町の仮宅は手狭なため、七月二二日に小石川柳町五〇〇坪に転居した。そして、享保六年閏七月に拝領屋敷の内藤新宿六軒町に移った。

小川町拝領屋敷は、まさに追い立てられるように明け渡した。これは、吉宗には屋敷の件に何ら関心がないにもかかわらず、老中らが吉宗に迎合しようとした措置らしい（「兼山秘策」三二七頁）。老中らによる嫌がらせに近く、白石の心中は穏やかではなかったろう。

代替わりと側近の宿命

五月一六日に側用人間部詮房をはじめとして、御側高家《おそばこうけ》、御側衆、小性、小納戸《こなんど》、土圭間《とけいのま》、御膳奉行、台所頭、御道具方同朋《どうぼう》らがいっせいに罷免され、転役、寄合、小普請などを命じられた。この罷免は、『徳川実紀』の編者が「先代昵近《じっこん》の輩《ともがら》、例によりて多く職ゆるさる」（第八篇、七頁）と書くように、将軍代替わりに伴う通例の措置であり、家宣、家継の側近に限られたことではない。将軍が代わると、前代将軍の側近は罷免され、新将軍の側近と入れ替わるのが通常のあり方だった。屋敷替えにしても、白石が命じられた同じ日に、小性や小納戸らの人びとも命じられている（『新井白石日記』下、一九八頁）。だから、罷免も屋敷替えも、白石だけの特別な措置ではない。

ただ、白石とともに「正徳の治《ち》」を生み出した側用人間部詮房は、上野高崎城五万石から正徳二年二月に越後村上城五万石に移り、次の詮言《あきとき》の代の享保五年九月には越前鯖江《さばえ》五万石へ所替になった。石高は同じだが、鯖江には城がなく陣屋《じんや》だった。つまり、五万石の大名にもかかわらず、城主の格式から無城へ格下げになった。これは一種の懲罰である。白石は、屋敷がそれまでより不便な地に替え地になったのは、間部詮房への措置と同じことなのかもしれない。

白石は徳川吉宗を嫌った、と言われる（宮崎道生『新井白石』）。どこが嫌いだったのだろうか。前将軍の側近の宿命とはいえ、罷免されるのは面白いはずがない。だが、そのうらみだけのことではなかった。

白石、吉宗政治に失望

享保元年一〇月頃のことだが、白石は、「時事失望申す儀ばかりにて候」（「兼山秘策」三二七頁）と語っている。吉宗の政治が始まって五か月になる頃、昨今はがっかりすることばかりだ、と白石は吉宗の政治に失望した。理由はいくつもあるだろうが、一つは、綱吉が引き立てた林家を重用したことだろう。白石は、かつて林家の学力不足を厳しく批判していた。吉宗は早くも享保元年五月一〇日に、居所である江戸城二の丸に林大学頭信篤《のぶあつ》（鳳岡《ほうこう》）を招いて講義を聞いたり何か質問したりして、林家重視を打ち出した。白石には声がかからず、御用はなく「隙《ひま》」と噂された（「兼山秘策」三〇九・三一一頁）。「武家諸法度《ぶけしょはっと》」は、白石が起草した宝永《ほうえい》六年法度は条文が多すぎるという理由で、天和《てんな》の例、すなわち綱吉《つなよし》の代のものに戻した。また、白石が取り組んだ、朝鮮通信使の応接・待遇、将軍の称号を「日本国王」にする改革も否定され、吉宗はこれも綱吉の代の例に戻した。白石の心中は穏やかではないだろう。

家宣時代の記録は焼き捨てか

これは、享保二年一二月一五日に、勘定吟味役萩原美誠《はぎわらよしまさ》、室鳩巣《むろきゅうそう》、白石三名の歓談の場で出された、萩原か室が語った情報である（「兼山秘策」三五二頁）。吉宗が、朝鮮通信使の応接に関わり、白石の書いた「来聘事略《らいへいじりゃく》」について質問することがあったという。それは、家宣の時代には老中のところに保存されていたが、老中が代替わりにより家宣時代の記録は必要がない、ということで紛失したか、わざと焼き捨てたのかわからないが、江戸城中にはなかったらしい。吉宗が「来聘事略」のことをどうして知ったのか、という疑問が出されている。

家宣時代の記録を「焼き捨て」とは穏やかではない。家宣時代の政治、そして白石の努力と苦労の全否定を意味する。貨幣の復古、「正徳新例《しんれい》」を「良法」として断行・維持したのであるから、吉宗自身に前代の全否定などの考え方はなかったと考えられる。しかし、白石と激しく対立・反目した老中と林家を重視する吉宗の姿勢は、白石にはとても受け入れがたいものだったろう。

吉宗は儒学を好まず

吉宗は儒学的教養に乏しかったと言われる（辻達也『江戸幕府政治史研究』第七章、三〇一頁）。吉宗は、治世の初めから儒学教育を奨励する政策をとっていた。しかし、享保六年以降、儒者として吉宗に接するようになった室鳩巣は、享保七年二月の書状に、「学も下々はやり申す様には遊ばれたく思し召さる体に存じたてまつり候えども、これもって御自分に御好み遊ばれ候御様子は、いまだ承り及び申さず候」（「兼山秘策」四八〇頁）と書く。吉宗は儒学を奨励しようとしているが、吉宗自身は儒学を好む様子は見うけられない、と言う。好学の将軍家宣に仕え、為政者として道徳的反省により、聖王とすべくその学力を注いだ白石にとって、このような吉宗を受け入れるわけにはいかなかったろう。

また、吉宗が治世を開始するにあたり、「只今迄の上様と違い申し候て、ことにより御軽々しく存じたてまつり候儀も、これ有るべく候」と宣言した（「兼山秘策」三一三頁）。吉宗は、今までの将軍とは違って、軽々しいと思われる行動や発言があるだろう、とみずから言う。「兼山秘策」には、この吉宗の言動について、「ことのほか御軽き御様子」「至極軽き事共」「軽々」などの評判が頻繁に出てくる。「御倹素無造作なる御儀は、古今いまだうけたまわらざる事」「御軽き儀御先代に終に承り及ばざる儀に候」（「兼山秘策」三三一〜三三三頁）など、前代未聞の「軽さ」と評されている。吉宗は、宣言通りに実践したのである。

しかし、吉宗の「軽さ」は、将軍、君主としてふさわしいのかが、儒学者には問題になる。君主には「重さ」が必要で、「軽さ」は君主に似つかわしくない、という聖賢の戒《いまし》めに反している（「至極御軽き儀に見へ候、君子不重則不威《おもからざればいならず》、且又望之不似人君《じんくんににず》、と申す聖賢の戒には御違いなられ候儀と存じたてまつり候」「兼山秘策」三五九頁）。このような批判を生んでいた。

吉宗、白石登用の意向

享保八年正月頃と思われるが、吉宗は白石を登用しようとする意向があったらしい（「兼山秘策」五七〇〜五七一頁）。吉宗が室鳩巣に、「新井白石の学問はどのようなものか」と直接尋ねたという。鳩巣は、「古今に通じた

図19　新井白石夫妻墓（東京都中野区・高徳寺所在）

博識の者である。世間に博識と呼ばれる者は多いが、知識は中国のことだけだ。白石は、日本のことにことのほかくわしく、和漢の例をひいて語る」と説明した。これに対して吉宗は、「文飾（文や語句を飾ること）の多きものと聞いている」と述べ、鳩巣は、これには答えにくく黙っていたという。

その後、吉宗の近習《きんじゅう》から、「何ごとか質問をしたら白石は答えるだろうか、どう思うか」と問われた鳩巣は、何とも言えないので、「将軍からの質問であれば、知っていることを答えないということはないだろう。しかし、近年は老衰して物覚えが悪くなり、最近のことでも忘れていることも多い」と答えたという。白石は六七歳、この二年後に亡くなる。

鳩巣は、「吉宗は治世の初めに、白石の評判が良くなかったので退けたが、今でも白石さへ素直に受け入れてくれるならば登用したい、と考えているように推察した」(「新井筑後守御代始に沙汰よろしからず候て、御擯斥《ひんせき》遊ばれ候え共、只今にても其身さへすなをに候は丶、御用い遊ばさるべき思召しの体に推察仕り候」)と書いている(「兼山秘策」五七一頁)。

前後の脈絡から言えば、吉宗は、治世の初めには、白石のことをあしざまに言う、前代からの老中や大学頭林信篤らの意見を入れて白石を排除したが、享保八年頃になるとそのことを残念に思い、白石の学識、政見を活かせるものなら活かそうと考えるようになったのではないか。ただ、具体的に白石に働きかけたことはなかったようである。働きかけがあったとしても、誇り高い武士としての名誉を大事にした、戦国武士の遺風を継ぐ六七歳の白石が、「素直な心」でうけたとも思えない。

白石は罷免され、まさに「隙」になった。それゆえ、代表的な著作の多くをこの期間に執筆、改訂増補することができた。それは、日本の思想史、文化史など学術面にとってかえって仕合わせだったのではないか。

あとがき

江戸時代の希代の大学者、新井白石について書こうとは考えたこともなかった。私などにとっては、あまりに大きすぎる存在だからである。

もう二〇年も前に、中央公論新社の旧知の編集者から、混迷する現代に生きる人間に、思索の模範と勇気を与える古典を再提示しようと企画した、中公クラシックスに収める新井白石の自叙伝『折りたく柴の記』（岩波文庫などの書名は『折たく柴の記』）の解説にあたるものを書くように依頼された。かつて、桑原武夫氏の現代語訳で『日本の名著』（中央公論社）の一冊として刊行されたものである。私は江戸時代後半の政治史が研究の中心だったので、視野を広げる機会にと思い引きうけ、中公クラシックスＪ23『折りたく柴の記』（二〇〇四年）に「学者のまえに武人だった人」と題する解説を書いた。『折りたく柴の記』をじっくり読み直したさいの直感でつけたので、いま思うとかなり思い切った題名だった。直感は、大学者の思考と行動の背景に、武士・武人の心性があるのではないかというものである。だから、あまり学問的な筋道で考えたものではなく、もちろん、すでに先学により指摘されている面でもあった。

この直感は、その後、講談社学術文庫『新井白石「読史余論」現代語訳』(横井清訳、二〇一二年)の解説を依頼され、「「徳川王朝」への警鐘」と題して書き、確信に近いものになった。それは、独特の日本歴史の理解にもとづいた、天皇・公家の公家政権に対する武士と武家政権の優位性への新井白石の確固たる確信にふれたからである。

中公クラシックスの解説のタイトルに興味をひかれたのであろう吉川弘文館の編集者に、歴史文化ライブラリーの一冊に執筆するよう求められた。長い付き合いという縁から引きうけたものの、とても納得できる内容にはならないとずっと放置してきた。それから二〇年近い時間が経過し、年齢のこともありどうするのかと迫られ、結局、思い切って執筆したのが本書である。

新井白石は、桑原武夫氏が、森羅万象に学問的な関心をよせた「日本の百科全書家」と評したほどの大学者である。その全体像を捉えることなど、私にはまったく無理な話である。そこで、白石が幕府政治に深く関わった七年数か月を、神祖徳川家康の一〇〇回忌を迎えて、その徳の衰えにより迎えた江戸幕府の危機を、天命の再降下である「天命維新」により打開しようと奮闘した軌跡として把握し、そこに貫かれる武士的心性の発露をみてみようとした。

江戸幕府の政治を為政者の儒学との関わりで概観すると、五代将軍徳川綱吉は、みずから学んだ儒学を現実政治に活かそうとし、六代将軍家宣も、新井白石の薫陶をうけて儒学を背景に持つ政治の実現をめざした。八代将軍吉宗は、儒学をあまり好まなかったといわれ、その政治はいくたの享保の改革政策とともに語り継がれるが、背景に儒学などの政治哲学を持つことなく、眼前の諸問題を現実的に処理したといえる。次の田沼時代も同様に、現実に生じているさまざまな財政・経済上の問題を、なんとか切り抜けようとする施策に終始した。その後の松平定信が主導した寛政の改革は、定信の儒学にもとづく政治哲学・倫理を背景に持った政治ということができる。

政治哲学や倫理を背景にすると、とかく上からの押しつけがましさや、現実と迂遠な印象を与える。それが、白石は「文飾の多きもの」、また定信は「唐の大和のと引き合いにだす」と皮肉交じりに評された由縁になった。それに対して、眼前の課題をひたすら現実的に処理して切り抜ける政治スタイルが、合理的で現実的だと評される。だが、現代の政治をみるにつけ、為政者たるもの、背景に政治哲学や倫理を持って政治にあたって欲しいとも思う。

本書の刊行にあたり、いつもながら吉川弘文館の編集者には多大のお世話になったことを、改めて書き添えておきたい。

二〇二四年四月

藤田覚

主要参考文献

著書・論文

石井紫郎「近世の国制における「武家」と「武士」」『日本思想大系二七　近世武家思想』岩波書店、一九七四年
大石慎三郎『元禄時代』(岩波新書)、岩波書店、一九七〇年
大野瑞男編『江戸幕府財政史料集成』上、吉川弘文館、二〇〇八年
表　章「能楽史概説」『岩波講座　能・狂言』一、岩波書店、一九八七年
加藤周一「新井白石の世界」『日本思想大系三五　新井白石』岩波書店、一九七五年
栗田元次「元禄以前に於ける江戸幕府財政に就いて」『史学雑誌』三八―二、一九二七年
高木昭作『将軍権力と天皇』青木書店、二〇〇三年
高埜利彦『元禄・享保の時代』(集英社版『日本の歴史』一三)、集英社、一九九二年
田辺尚雄「舞楽について」『日本音楽叢書一　雅楽』音楽之友社、一九九〇年
玉懸博之『近世日本の歴史思想』ぺりかん社、二〇〇七年
田谷博吉『近世銀座の研究』吉川弘文館、一九六三年
辻　達也「幕藩体制の変質と朝幕関係」『日本の近世二　天皇と将軍』、中央公論社、一九九一年
辻　達也『江戸幕府政治史研究』続群書類従完成会、一九九六年

尾藤正英「新井白石の歴史思想」『日本思想大系三五　新井白石』岩波書店、一九七五年
尾藤正英『元禄時代』（小学館版『日本の歴史』一九）、小学館、一九七六年
深井雅海『徳川将軍政治権力の研究』吉川弘文館、一九九一年
深井雅海『江戸城御殿の構造と儀礼の研究』吉川弘文館、二〇二一年
藤田　覚「元禄期幕府財政の新史料」『史学雑誌』九〇―一〇、一九八一年
藤田　覚「学者の前に武人だったひと」桑原武夫訳『折りたく柴の記』（中公クラシックス）、中央公論新社、二〇〇四年
藤田　覚「解説「徳川王朝」への警鐘」横井清訳『新井白石「読史余論」現代語訳』（講談社学術文庫）、講談社、二〇一二年
藤田　覚『天皇の歴史六　江戸時代の天皇』（講談社学術文庫）、講談社、二〇一八年
古田良一『河村瑞賢』（人物叢書）、吉川弘文館、一九六四年
彭　浩『近世日清通商関係史』東京大学出版会、二〇一五年
益田　宗「解題」『日本思想大系三五　新井白石』岩波書店、一九七五年
宮崎道生『新井白石』（人物叢書）、吉川弘文館、一九八九年
村　和明『近世の朝廷制度と朝幕関係』東京大学出版会、二〇一三年
村井淳志『勘定奉行荻原重秀の生涯』（集英社新書）、集英社、二〇〇七年
守本順一郎「山鹿素行における思想の歴史的性格」『日本思想大系三二　山鹿素行』岩波書店、一九七〇年

山口和夫『近世日本政治史と朝廷』吉川弘文館、二〇一七年
山崎隆三『近世物価史研究』塙書房、一九八三年
山田淳平『近世の楽人集団と雅楽文化』吉川弘文館、二〇二四年

史料

『新井白石』（『日本の名著』一五）、桑原武夫編、中央公論社、一九六九年
新井白石「読史余論」現代語訳』（講談社学術文庫）、横井清訳、講談社、二〇一二年
『新井白石日記』上・下（『大日本古記録』）、東京大学史料編纂所編、岩波書店、一九五二年
『江戸幕府日記』国立公文書館所蔵
『被仰出留』七、国立公文書館所蔵
『御触書寛保集成』岩波書店、一九三四年
『折りたく柴の記』（中公クラシックス）、桑原武夫訳、中央公論新社、二〇〇四年
「楽考」『新井白石全集』第六、国書刊行会、一九〇七年
「楽対」『新井白石全集』第六、国書刊行会、一九〇七年
『甲子夜話』三（東洋文庫）、松浦静山著、中村幸彦・中野三敏校訂、平凡社、一九七七年
『公全公記』東京大学史料編纂所所蔵特殊蒐書徳大寺家本
「稽古談」『日本思想大系四四　本多利明・海保青陵』岩波書店、一九七〇年
「兼山秘策」『日本経済叢書』巻二、日本経済叢書刊行会、一九一四年

『憲廟実録』東京大学総合図書館所蔵
「五事略上」『新井白石全集』第三、国書刊行会、一九〇六年
「佐藤直方四十六人之筆記」『日本思想大系二七　近世武家思想』岩波書店、一九七四年
「信牌方記録」『享保時代の日中関係史料』一（『関西大学東西学術研究所史料集刊』九ノ二）、一九八六年
『新令句解』（「文廟御制条并御歌」「同御遺言」「同御顧令」「同御遺令」「同御伝略」）、国立公文書館所蔵
『政談』（岩波文庫）、辻達也校注、岩波書店、一九八七年
『大日本史料』第十二編之二十一、東京大学史料編纂所編、東京大学出版会、一九七三年
『通航一覧』第三・第五・第八、国書刊行会、一九一三年
『徳川実紀』第七篇・第八篇（『新訂増補国史大系』四四・四五）、吉川弘文館、一九七六年
「読史余論」『日本思想大系三五　新井白石』岩波書店、一九七五年
「浜方記録」『近世社会経済叢書』第二巻、改造社、一九二六年
『藩翰譜』『新井白石全集』第一、国書刊行会、一九〇五年
「武家官位装束考」『新井白石全集』第六、国書刊行会、一九〇七年
「本朝宝貨通用事略」『新井白石全集』第三、国書刊行会、一九〇六年
『間部日記』国立公文書館所蔵
『基長卿記』東京大学史料編纂所所蔵謄写本

『基熙公記』東京大学史料編纂所所蔵謄写本
『柳営日次記』国立公文書館所蔵

略年譜

年号	西暦	年齢	事項
明暦 三年	一六五七	一	二月一〇日、江戸で誕生。幼名は与五郎。父正済は久留里藩主土屋利直の家臣、母は千代。正月、江戸明暦の大火。
寛文 九年	一六六九	一三	この頃、通称は伝蔵、名乗り（実名）は君美。
延宝 二年	一六七四	一八	土屋利直について上総久留里へ行く。
三年	一六七五	一九	父正済が致仕（引退）し、浅草法恩寺内に隠居。
五年	一六七七	二一	二月、土屋家の代替わり後の内紛に連座して追放され牢人、「奉公構」になる。
六年	一六七八	二二	富商の婿養子の斡旋を断る。また、河村瑞賢の孫娘との縁談も断る。
七年	一六七九	二三	八月、土屋家が改易され、「奉公構」解ける。
八年	一六八〇	二四	五月、四代将軍徳川家綱死去し、養子綱吉あとを継ぐ。
天和 二年	一六八二	二六	三月、下総古河藩主で大老の堀田正俊に仕える。
貞享 元年	一六八四	二八	八月、堀田正俊が江戸城中で刺殺され、子正仲に仕える。
三年	一六八六	三〇	この年、木下順庵の門人となる。
元禄 四年	一六九一	三五	七月、堀田家を辞し牢人。九月、家塾を開く。
五年	一六九二	三六	木下順庵が加賀藩に推挙したが、金沢出身の同門に譲る。
六年	一六九三	三七	木下順庵の推挙で甲府藩主徳川綱豊（のち将軍家宣）に儒者として仕える。四〇人扶持。
八年	一六九五	三九	この年、幕府、元禄貨幣改鋳を開始。
一一年	一六九八	四二	九月、江戸大火により屋敷焼失。五〇両拝領し、これで甲冑をあつら

			える。
一二年	一六九九	四三	一一月、表寄合並となり、通称を勘解由と改める。
一五年	一七〇二	四六	三月、『藩翰譜』を進上。一二月、二〇〇俵二〇人扶持となる。赤穂浪士の討入り。
一六年	一七〇三	四七	一一月、南関東大地震。
宝永 元年	一七〇四	四八	一二月、徳川綱豊、将軍綱吉の養嗣子となり、家宣と改名し江戸城西丸に入る。西丸寄合となる。
三年	一七〇六	五〇	三月、再三にわたり能楽に耽る家宣を諫める。六月、元禄銀を宝字銀に改鋳。
四年	一七〇七	五一	五月、雉子橋外飯田橋に屋敷拝領。七月、新居に移転、敷地三五五坪。
五年	一七〇八	五二	閏正月、富士山噴火。三月、京都大火、禁裏御所焼失。
六年	一七〇九	五三	正月、綱吉死去し、家宣嗣ぐ。「急務三条」と皇子皇女の処遇改善の意見書進上、生類憐れみ令撤廃。二月、幣制改革。四月、長崎貿易改革。六月、朝鮮通信使の待遇を進言。七月、加増をうけ領地五〇〇石。一一月、前年八月に種子島に渡来の宣教師シドッチを尋問。
七年	一七一〇	五四	二月、「武家諸法度」草案を進上。四月、近衛基熙江戸着。宝永三つ宝字銀鋳造。一一月、上洛し、中御門天皇の即位式を拝観。この年、閑院宮創設。
正徳 元年	一七一一	五五	正月、中御門天皇の元服儀式を拝観。三月、室鳩巣、幕府儒者となる。一〇月、従五位下筑後守に叙任。一一月、朝鮮通信使の待遇を改め、将軍の称号を「日本国王」とする。五〇〇石加増され、計一〇〇〇

正徳 二年	一七一二	五六	○石。宝永四つ宝字銀鋳造。五月、一ツ橋外小川町拝領屋敷六三三坪へ転居。九月、勘定奉行荻原重秀、罷免。一〇月、家宣死去し、子家継嗣ぐ。金銀復古を遺命。
三年	一七一三	五七	閏五月、屋敷増し地拝領、計八〇〇坪。この年、『采覧異言』『改貨議』なる。
四年	一七一四	五八	四月、金銀復古（正徳金銀）を触れる。一〇月、家宣三回忌済み、辞職を出願したが慰留される。この年、『市舶議』『市舶新令』なる。
五年	一七一五	五九	正月、正徳新例の施行。四月、徳川家康百回忌。九月、家継に八十宮降嫁決定。この年、『西洋紀聞』なる。
享保 元年	一七一六	六〇	四月、家継死去し、吉宗嗣ぐ。五月、致仕を願う。間部詮房らとともに罷免。一一月、代替わり誓詞を提出。この年、『古史通』なる。『折たく柴の記』執筆開始。
二年	一七一七	六一	正月一六日、屋敷召上げ、替え地内藤新宿六軒町五五八坪。二三日、深川一色町へ転居。七月、小石川柳町五〇〇坪へ転居。
四年	一七一九	六三	この年、『東雅』『南島志』『紳書』なる。
五年	一七二〇	六四	この年、『蝦夷志』なる。
六年	一七二一	六五	閏七月、内藤新宿六軒町に移る。
八年	一七二三	六七	正月頃、吉宗、白石登用の意向を示す。
九年	一七二四	六八	この年、『読史余論』『史疑』なる。
一〇年	一七二五	六九	五月、死去。法名浄覚。浅草法恩寺内高徳寺に葬る。この年、『采覧異言』改訂、『鬼神論』なる。

著者紹介

一九四六年、長野県に生まれる
一九七四年、東北大学大学院文学研究科博士課程単位取得退学
現在、東京大学名誉教授、文学博士

〔主要著書〕
『近世後期政治史と対外関係』(東京大学出版会、二〇〇五年)
『日本近世の歴史4 田沼時代』(吉川弘文館、二〇一二年)
『泰平のしくみ』(岩波書店、二〇一二年)
『日本の開国と多摩』(吉川弘文館、二〇二〇年)
『遠山景晋』(吉川弘文館、二〇二二年)

歴史文化ライブラリー
600

武人儒学者 新井白石
正徳の治の実態

二〇二四年(令和六)七月一日 第一刷発行

著 者 藤《ふじ》田《た》覚《さとる》
発行者 吉川道郎
発行所 株式会社 吉川弘文館
東京都文京区本郷七丁目二番八号
郵便番号一一三—〇〇三三
電話〇三—三八一三—九一五一〈代表〉
振替口座〇〇一〇〇—五—二四四
https://www.yoshikawa-k.co.jp/
印刷=株式会社 平文社
製本=ナショナル製本協同組合
装幀=清水良洋・宮崎萌美

ISBN978-4-642-06000-4

歴史文化ライブラリー

1996. 10

刊行のことば

現今の日本および国際社会は、さまざまな面で大変動の時代を迎えておりますが、近づきつつある二十一世紀は人類史の到達点として、物質的な繁栄のみならず文化や自然・社会環境を謳歌できる平和な社会でなければなりません。しかしながら高度成長・技術革新にともなう急激な変貌は「自己本位な刹那主義」の風潮を生みだし、先人が築いてきた歴史や文化に学ぶ余裕もなく、いまだ明るい人類の将来が展望できていないようにも見えます。このような状況を踏まえ、よりよい二十一世紀社会を築くために、人類誕生から現在に至る「人類の遺産・教訓」としてのあらゆる分野の歴史と文化を「歴史文化ライブラリー」として刊行することといたしました。

小社は、安政四年（一八五七）の創業以来、一貫して歴史学を中心とした専門出版社として書籍を刊行しつづけてまいりました。その経験を生かし、学問成果にもとづいた本叢書を刊行し社会的要請に応えて行きたいと考えております。

現代は、マスメディアが発達した高度情報化社会といわれますが、私どもはあくまでも活字を主体とした出版こそ、ものの本質を考える基礎と信じ、本叢書をとおして社会に訴えてまいりたいと思います。これから生まれでる一冊一冊が、それぞれの読者を知的冒険の旅へと誘い、希望に満ちた人類の未来を構築する糧となれば幸いです。

吉川弘文館

歴史文化ライブラリー

歴史文化ライブラリー

国産航空機の歴史 零戦・隼からYS－一一まで――笠井雅直
首都防空網と〈空都〉多摩――鈴木芳行
帝都防衛 戦争・災害・テロ――土田宏成
帝国日本の技術者たち――沢井 実
強制された健康 日本ファシズム下の生命と身体――藤野 豊
「自由の国」の報道統制 大戦下の日系ジャーナリズム――水野剛也
学徒出陣 戦争と青春――蜷川壽惠
特攻隊の〈故郷〉 霞ヶ浦・筑波山・北浦・鹿島灘――伊藤純郎
陸軍中野学校と沖縄戦 知られざる少年兵「護郷隊」――川満 彰
沖縄戦の子どもたち――川満 彰
沖縄からの本土爆撃 米軍出撃基地の誕生――林 博史
原爆ドーム 物産陳列館から広島平和記念碑へ――頴原澄子
米軍基地の歴史 世界ネットワークの形成と展開――林 博史
沖縄米軍基地全史――野添文彬
世界史のなかの沖縄返還――成田千尋
考証 東京裁判 戦争と戦後を読み解く――宇田川幸大
ふたつの憲法と日本人 戦前・戦後の憲法観――川口暁弘
名言・失言の近現代史 下 一九四六―――村瀬信一
戦後文学のみた〈高度成長〉――伊藤正直
首都改造 東京の再開発と都市政治――源川真希

鯨を生きる 鯨人の個人史・鯨食の同時代史――赤嶺 淳

文化史・誌

山寺立石寺 霊場の歴史と信仰――山口博之
神になった武士 平将門から西郷隆盛まで――高野信治
跋扈する怨霊 祟りと鎮魂の日本史――山田雄司
将門伝説の歴史――樋口州男
殺生と往生のあいだ 中世仏教と民衆生活――苅米一志
浦島太郎の日本史――三舟隆之
おみくじの歴史 神仏のお告げはなぜ詩歌なのか――平野多恵
〈ものまね〉の歴史 仏教・笑い・芸能――石井公成
スポーツの日本史 遊戯・芸能・武術――谷釜尋徳
戒名のはなし――藤井正雄
墓と葬送のゆくえ――森 謙二
運 慶 その人と芸術――副島弘道
ほとけを造った人びと 止利仏師から運慶・快慶まで――根立研介
祇園祭 祝祭の京都――川嶋將生
洛中洛外図屏風 つくられた〈京都〉を読み解く――小島道裕
化粧の日本史 美意識の移りかわり――山村博美
乱舞の中世 白拍子・乱拍子・猿楽――沖本幸子
神社の本殿 建築にみる神の空間――三浦正幸

歴史文化ライブラリー

民俗学・人類学

各冊一七〇〇円～二一〇〇円（いずれも税別）
▽残部僅少の書目も掲載してあります。品切の節はご容赦下さい。
▽書目の一部は電子書籍、オンデマンド版もございます。詳しくは出版図書目録、または小社ホームページをご覧下さい。